筑摩選書

高階秀爾
Takashina Shuji

エラスムス　闘う人文主義者

エラスムス　闘う人文主義者　目次

エラスムス　闘う人文主義者

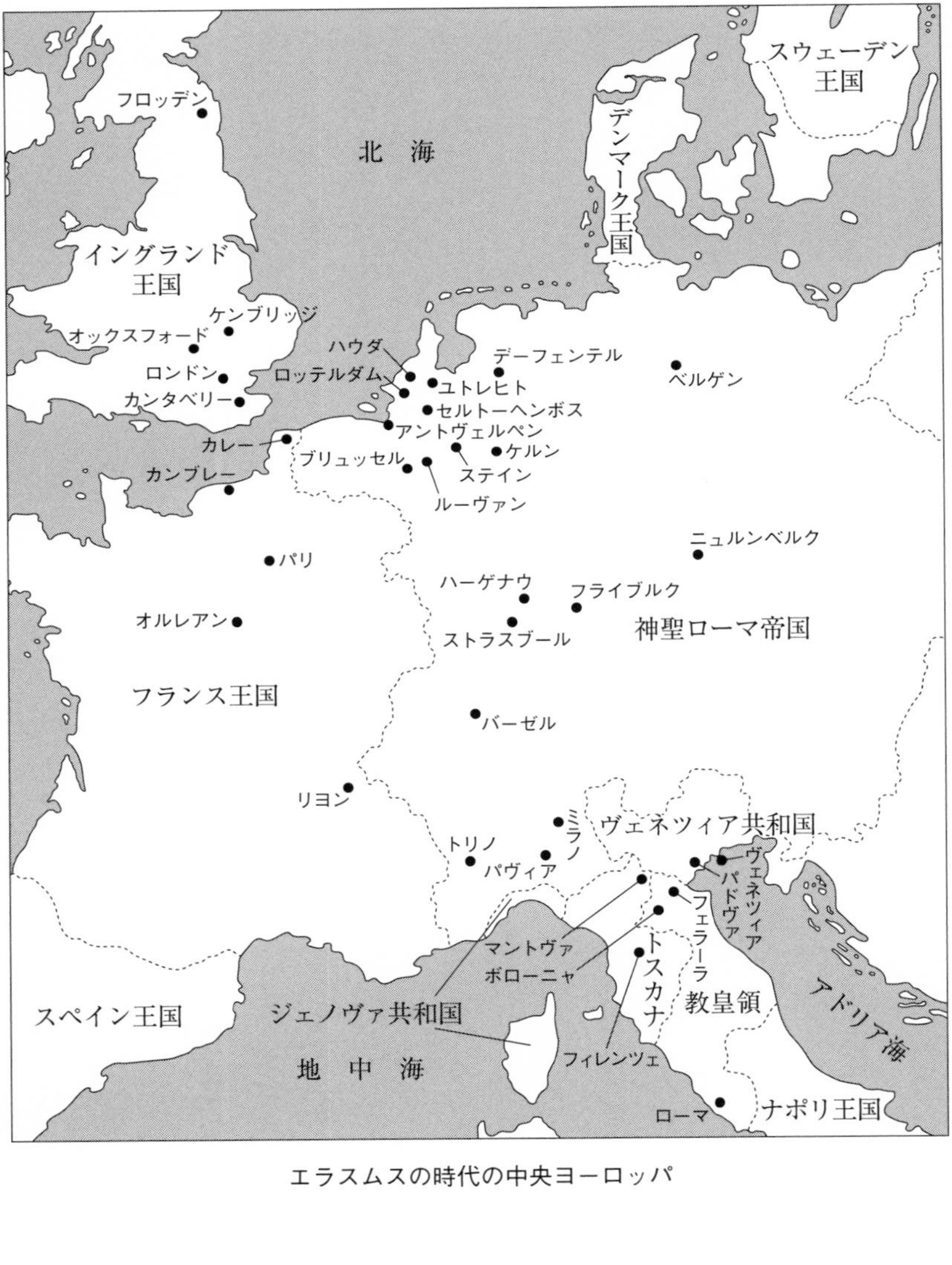
スウェーデン王国
フロッデン
北海
デンマーク王国
イングランド王国
ケンブリッジ
オックスフォード
ロンドン
カンタベリー
ハウダ
ロッテルダム
ユトレヒト
デーフェンテル
ベルゲン
セルトーヘンボス
アントヴェルペン
カレー
ブリュッセル
ケルン
ステイン
カンブレー
ルーヴァン
ニュルンベルク
パリ
ハーゲナウ
フライブルク
オルレアン
ストラスブール
神聖ローマ帝国
フランス王国
バーゼル
リヨン
ミラノ
ヴェネツィア共和国
トリノ
パヴィア
ヴェネツィア
パドヴァ
フェラーラ
マントヴァ
ボローニャ
トスカナ
教皇領
スペイン王国
ジェノヴァ共和国
アドリア海
地中海
フィレンツェ
ローマ
ナポリ王国

エラスムスの時代の中央ヨーロッパ

第1章
我、何者にも譲らず

小さなメダル

今、私の眼の前に、エラスムスの肖像を刻みこんだ大英博物館所蔵（現在はビクトリア&アルバート博物館所蔵）の一個のメダルの写真がある。

映画などでよく見かけるロシア人の防寒帽のような、いわゆる焙烙《ほうろく》頭巾を耳までかぶったその落ち着いた横顔は、紛れもなく有名なデューラー（一四七一－一五二八）の版画やホルバイン（一四九七／九八－一五四三）の肖像画でお馴染みのエラスムスの相貌そのものであり、そのかぎりでは、それは、すでに彼の生前から数多く制作された、エラスムスの肖像のひとつという以上の興味は惹き起こさないように見える。

事実、当代一流の古典語学者として、また優れた人文主義者として、全ヨーロッパの畏敬を一

エラスムスのメダル

身に集めていたあのエラスムスの姿が、このようにさまざまの画像や彫像によってわれわれに伝えられていることは、決して不思議ではない。デューラーやホルバインの作品以外にも、たとえば私は、第二次世界大戦ですっかり壊滅した後、見事に復興したロッテルダムの町角で、大きな本を広げて立つ、等身大のエラスムスの石像を見上げたときに覚えた一種の不思議な心の昂まりや、あるいはストラスブールの町の広場に立つグーテンベルグの銅像の浮彫装飾のなかに、エラスムスの横顔を見出したときのひそかな喜びを、今でもはっきりと思い出すことができる。

　もちろん、これらの作品はずっと後の時代のもので、ルーヴル美術館に並べられているホルバイン作の「エラスムスの肖像」のように美術史的価値を云々されるようなものではないが、しかしそれが『痴愚神礼讃』の著者の名と結びつけられたとき、私の心のなかにある種の感慨を呼び起したとしても、あながちそれを旅人の感傷とばかり言い切ることはできまい。

　ロッテルダムの町では今でもなお、人びとが子供たちに向かって、近くの市庁舎の大時計が朗らかな音色で時を報ずるたびに、そのエラスムスの像が手に持った本の頁を一枚めくるという言い伝えを語って聞かせているという。この話を聞いたとき、私は、子供たちの前でそのように誇らしげに語ることができる偉人を持ったロッテルダムの人びとを、心から羨しく思ったのであった。

しかし、これらさまざまのエラスムス像のなかでも、大英博物館のガラスケースのなかで見た小さなメダル像は、特に強く私を惹きつけるものを持っていた。このメダルは一五一九年に、エラスムスと親しかった画家クェンティン・マサイス（一四六五／六六―一五三〇）によって作られたものであり、そのこと自体、マサイスがまた油絵によって見事なエラスムス像を残している――この肖像は、エラスムス自身によって『ユートピア』の作者トマス・モア（一四七八―一五三五）に贈られ、現在はローマのパラッツォ・コルシーニに保存されている――ことと思い合わせて、歴史的に興味深いものがあるが、差しあたり私がこのメダルに惹かれるのは、そのゆえではない。私を惹きつけたのは、横向きのエラスムスの肖像が彫り出されているそのメダルの表面よりも、むしろ裏側の方なのである。

問題のメダルの裏面には、枡《ます》形の台座の上に、やはり横向きになって髪を風に靡かせている若々しい青年の頭像が彫り出されている。この青年像は、台座にTERMINVSと書きこまれているところからそれとわかるように、古代ローマ神話に登場して来る「テルミヌス神」である。そして、その「テルミヌス神」の顔の両側には、CONCEDO NULLI（我、何者にも譲らず）という二語が彫り出されている。

著名人の肖像をメダルに彫ることを好んだルネッサンス期においては、このように裏面に、その人に関係の深い寓意像や銘文を彫り出すことは、いわば常套手段であった。当然、この髪を風に靡かせた青年神とラテン語の銘とが、エラスムスその人と深く結びついていることは想像に難くない。事実、この「テルミヌス神」は、エラスムスにとって生涯を通じての守護神であり、また「我、何者にも譲らず」の一句は、エラスムス自身によって作られた彼の座右の銘にほかならなかったのである。

テルミヌス神を象徴として

「テルミヌス」というこの一般にはあまり耳慣れない名前の神は、実は「ターミナル」という英語を通じて現代のわれわれの生活にも生き続けているが、もともと終点、または境界を司る神であった。例のメダルの裏側には、「我、何者にも譲らず」の句のほかに、さらに周辺部に沿って、ラテン語で「死は万物の終わり」という句と、ギリシア語で「長き生の終わりを思え」という句が書きこまれているが、これらはいずれも、「テルミヌス神」のいわば職能に関連する銘文である。

古代ローマからの言い伝えによれば、この「テルミヌス神」は、神々の王ジュピターがローマのカピトリーノの丘に自分の神殿を建てようとした時、多くの神々のうちでただひとり、ジュピターのために道を譲るのを拒否したという。「我、何者にも譲らず」という銘文がこの伝説に由来するものであることは言うまでもないが、しかしこのようなラテン語の言葉として登場してくるのは、実はこのエラスムスのメダルが最初なのである。

エラスムスは一五〇九年、友人であり、また自身の弟子でもあったアレグザンダー・スチュアート――この人物はスコットランド国王ジェームズ四世の庶子で、後に聖アンドリューズ聖堂の大司教にまでなった人である――といっしょにイタリア旅行を行なったが、その際アレグザンダーから、「テルミヌス神」を彫り出した古代の硬石細工を贈られた。エラスムスは大いに喜び、わざわざそれと同形のコピーを作らせて、自分の認印に使用したほどであった。その時以来「テルミヌス神」は、エラスムスの生活信条をいわば象徴するものとなった。もちろん、ジュピターに対してさえ妥協しなかったその不屈の気概が、そのままエラスムスの気持であったからである。それなればこそ、一五一九年にマサイスがメダルを制作した時、エラスムスはわざわざ「テルミヌス神」の頭像と「我、何者にも譲らず」の一句を、その裏面に選んだのであろう（そして、この「テルミヌス神」像は、現在バーゼルの大聖堂にあるエラスムスの墓碑の上部中央部に、メダルにあるのとそっくりの姿でやはり刻みこまれている）。

とすれば、マサイスの作ったこの肖像メダルは、実はエラスムス自身の覚悟のほどを示したものと言ってよい。事実、一五一九年にこのメダルが作られると、エラスムスはニュールンベルクの著名な人文主義者ヴィリバルド・ピルクハイマー（一四七〇－一五三〇）をはじめ、ヨーロッパ中の自分の友人たちにそれを贈っている。のみならず、それから五年後の一五二四年には、次々に配っていってストックがなくなったためか、エラスムスはピルクハイマーを通じて、ニュールンベルクのメダル師に新たにメダルを鋳造することを依頼している。しかもその際、彼は使用するブロンズは錫と銅の割合いをどれくらいにするかとか、メダルを全体のプロポーションを変えずに縮小するにはどうすればよいかというようなことまで、こまかに指示を与えている。もってエラスムスがいかに深く、このメダルに――そして、そのメダルを友人たちに配布することに――愛着と関心を抱いていたかをうかがうことができるであろう。

晩年を襲った苦難

以上のような事情を知る時、われわれはこのメダルの作られた一五一九年から二四年にかけての時期が、重要な意味を持っていることに気づく。それは、エラスムスの長い生涯においても、最も厳しい試練の時期であった。一五一九年と言えば、エラスムスはすでに五十歳、または五十三歳であった(というのは、後に詳しく述べるように、エラスムスの生まれた年については一四六六年説と一四六九年説と両説あって、いまだに最終的には結論が出ていないからである。その結果、一九六九年、ロッテルダムを中心にオランダで華々しくエラスムス生誕五百年祭が催されたが、その三年前の一九六六年にも、スイスで同じく生誕五百年祭が行なわれたのである)。普通ならば、当代最大の学者として、悠々自適の生活を送れるはずであった。ところが、まさにそのような時期に、エラスムスは激しい非難や嘲罵や、時には卑劣な攻撃を、つい昨日まで親しかった友人や弟子たちからさえ浴びせかけられることとなった。

それは、やがてキリスト教世界全体を——それこそが何よりもエラスムスの恐れたことであったが——血なまぐさい闘争に引きこむことになるあの新旧両派の仮借ない争いのなかで、彼は双方の陣営から明確な態度決定を迫られながら、どちらの側にも自己の身柄を預けようとはせず、あくまでも自己の精神の自由と独立とを保ち続けようとしたからである。彼は最後までローマの教会から離れようとはしなかったが、しかしその「教会」の内部に、ルターが指摘するような多くの矛盾や腐敗があることに気づかないほど盲目的ではなかった。といって彼は、ルターのように、その「教会」をすべて否定しようという戦闘的な考え方に加担することもできなかった。

何よりも彼は、党派的な闘争を憎んだ。できれば、双方の間の調停者になろうと努めた。そのために彼は、ローマに対して何度となく忠誠を誓ったにもかかわらず、教皇庁内部の保守派からは異端を扇動するものと攻撃され、一方、ルターに対しては最初から公けに同情を示していたにもかかわらず、ルター派からは権力に屈して筋を曲げた裏切者と罵られた。そして後世からさえ、時にその曖昧な「日和見主義」を非難されることとなった。

しかも、それほどまで苦労を重ねて努力したにもかかわらず、彼は「調停者」になることもできなかった。もし一五一〇年代から二〇年代の初頭にかけて、すでに癒し難く分裂しかけていたキリスト教世界において、異なった立場の人びとに広く耳を傾けさせるだけの知的権威を持った人がもしいたとすれば、それはエラスムスであったろう。しかし、そのエラスムスほどの知性と学識と権威をもってしても、歴史の動きを止めることはできなかった。

一五二四年、彼はついに正面からルターと対決するために、『自由意志論』を書く。しかしその時でさえ、彼は保守派の人びとが期待したように、ルターを「異端」と決めつけることはしなかった。その結果、それはルター派の威丈高な反抗と保守派の不満と、つまりやはり双方の側からの党派的な反発を呼ぶことになった。ルターはいよいよ戦闘的となり、エラスムスの著書はソルボンヌにおいて厳禁された。エラスムスは苦い気持でこの成行きを見守っていたに違いない。その彼の頭の上を、歴史は音を立てて通り過ぎ、やがてあの果てしない宗教戦争へと雪崩れこんでいくのである。

それをエラスムスの見込み違いというのはあたらない。もし彼が、どちらにせよどちらかの陣営にはっきり与していたら、おそらく悲劇はいっそう早められただけに相違ないからである。また、どっちつかずの彼を、臆病な日和見主義者というのもあたらない。彼は双方の側からの非難を十分承知の上で、あえて党派性を斥けて自己の精神の自由のために中道を選び取ったからである。一五一九年のメダルの裏に彫り出された「我、何者にも譲らず」のモットーは、彼のそのような不退転の決意を物語るものではないだろうか。そしてそのメダルを友人たちに贈り物として配ったのは、彼にとって、いわば無言の信条告白ではなかったろうか。

とすれば、わずか片手の掌に隠れてしまうほどのこのメダルのなかにも、優れた精神と歴史との織りなすドラマが秘められていることをわれわれは知るのである。

不信と混乱の時代に

考えてみれば、この頃のエラスムスの立場は、きわめて難しいものであった。この教会の未曾有の混乱期にあって、少し大袈裟に言えば、キリスト教世界のすべての人が、エラスムスの去就に注目していた。彼の言うことは、どんなことでも大きな反響を呼ばずにはいなかった。エラスムスにしてみれば、そのような政治的動きに捲きこまれるよりも、静かに余生を楽しんでいたかったに違いない。

しかし歴史の動きは、彼にそのような静けさを許さなかった。エラスムスのような人の場合、何もしないことが、そのままひとつの立場表明とも受け取られた。

私はただ、年老いた今、生涯の仕事の成果を楽しむことができたらと思う。しかし、どちらの側からも私をけしかけ、どちらの側も私を非難する。ルターに対して私が沈黙を守っていれば、それはルターに同調しているからだと言われる。一方ルター派の人びとは、私が臆病さのあまり福音書を棄てたと攻撃する……。

というエラスムスの嘆きは、疑いもなく真実のものであったろう。

しかしルター派の人びとが攻撃したように――そして時には後世の歴史家もそうしたように、

エラスムスがその批判において、「臆病」であったとは決して言うことはできない。たしかに、たとえば『痴愚神礼讃』のような書物においては、教会に対する手厳しい批判もほかならぬ「痴愚神」の意見であって、エラスムスの意見ではないとする「言い抜け」への配慮があったかもしれない（それにしても、「痴愚神」の構想は教会に対する仮面というよりも、いっそう多く人文主義者としての彼のエスプリに由来するものに相違ない）。だが、一五二二年に刊行された『対話集』の増補新版において、次のような痛烈な諷刺をあえて発表するのは、なかなかもって臆病どころではない。

ある青年が娼婦をキリスト教に改宗させようとして、彼女のところにエラスムスの訳による新約聖書を持っていった。それを見て娼婦は、

「このエラスムスという人は半分異端だという話じゃないの」

といった。青年は驚いて、

「いったい誰からそんなことを聞いたのだい」

「いつも私の所に来るお馴染みのお坊さんたちから……」

あるいは、同じ『対話集』のなかに、当時、ルターの先駆者と目されていたヨハネス・ロイヒリン（一四五五－一五二二）を礼讃する小話も採録されている。これは、ロイヒリンが死後天に昇って、聖ヒエロニムスに迎えられ、聖人の間に席を与えられるという話である。それを見ていた者が驚いて「彼は正式に聖徒に列せられてもいないのに、聖人の間に座らせてよいものだろうか」と問いただすと、ただちに、「それではいったい誰が聖パウロや聖母マリアを聖人と決めたのか」という返答があったという話である。これはさすがに、夢のなかの出来事ということになっているが、それにしても、ルターに対する異端の論難が厳しかった一五二二年という時点において、このような話を公けにするというのは、ローランド・ベイントン（一八九四－一九八四）が指摘する通り、きわめて「勇気の要る事」であったに違いない。

自己の精神の自由のために

精神の自由を守り抜こうとするエラスムスの意志は、このロイヒリンが一五一五年、異端の摘発者として名高かったケルンのヤコブ・フォン・ホッホシュトラーテンによって告発された時に、すでに明瞭に現われている。エラスムスは、早速ローマのリアリオ枢機卿に手紙を送って、熱烈な言葉でロイヒリンを弁護しているのである。しかしそれと同時に、彼自身はロイヒリンの考えに完全に反対であるということを明らかにすることも忘れなかった。つまりエラスムスの態度は、自分の同志だから弁護するというのではなく、自分と反対の相手であっても、それを圧迫することに対しては闘うというまったくユマニスト的な立場に立つものなのである。

しかしながら、このような態度が、不信と混乱の時代にあっては双方の陣営から疑惑の念を持たれたことも、また容易に理解し得るところである。後に、ルターに対する「曖昧な態度」のゆえに双方から非難されるエラスムスは、この時にすでに同じような目に遭っているのである。

ということは、しかし逆に言えば、ロイヒリンの場合でもルターの場合でも、エラスムスは、見事に一貫した立場を保ち続けたということである。事実ルターに対しても、エラスムスは最初から同情的であるとは言っても、ルターの考えにすべて賛成であったわけではない。そして彼は、ルターのやり方に対してはなおいっそう反対であった。だが、だからといって、エラスムスはルターの書物を焼いたり、彼に沈黙を強いたりする措置に対しては断固として抗議した。そのようなエラスムスを見て、ルター派の人びとが彼を自分たちの同志と思いこんでしまったのも、あるいは無理のないところであったかもしれない。しかしそのために、後に彼らはエラスムスに失望させられることになり、遂には彼を「裏切者」とまで呼ぶに至るのである。

たとえば、著名な例は、エラスムスと深い親交があったニュールンベルクの巨匠デューラーの場合である。彼は一五二一年五月、ルターが反対派のために暗殺されたという噂——これはもちろん虚報であったが——を聞いて、悲嘆のあまり次のような言葉を日記に書き記した。

おお神よ、もしルターが世を去ってしまったら、誰があのように明快に福音書を説いて聞かせてくれるだろうか。おおロッテルダムのエラスムスよ、あなたは今、何をしようとしているのか……。キリストの騎士よ、わが主キリストの傍らに騎乗して、真理を守り、殉教者の冠を受けよ……。

しかしエラスムスは、「キリストの騎士」としては行動しなかった。少なくとも、デューラーがそう期待したようなかたちでは行動しなかった。

フッテンへの抗議文

さらに極端な例は、「ルター以上にルター的」であると言われた、熱烈なルターの信者ウルリッヒ・フォン・フッテン（一四八八－一五二三）の場合である。彼はかつてはエラスムスの心酔者であったが、ルターが「騒動を好む」ことを暗に批判したエラスムスの手紙を見て、きわめて激越な調子で、エラスムスが「完全に転向して今や敵と結びついた」ことを徹底的に攻撃した。これに対し、エラスムスはさっそく反論の文章を公けにしたが、それこそ、自由なユマニストとしての彼の真の面目を伝えるものである。

もともとフッテンの書いた非難文は、最初は手稿のかたちで、仲間のあいだだけに廻されていたものであった。ところがその後間もなく、フッテンが世を去ってから、彼の仲間の過激派の人びとがそれを印刷して世に出したのである。

それを見た時、エラスムスは他の多くの人びとと同様、フッテンが死んだことをまだ知らなかった。したがって反論は、まずフッテンその人にあてて語りかけるという形で書かれた。

……私は、自分がどんな場合でも平和を求めるということを否定しない。私は、耳を開いて双方の言い分を十分に聴くことが正しいと信じている。私はどのような宗派に与することもできないし、与する意志もない。私は、ルターの教えのすべてを否定することは福音書を否定することだと言ったが、しかし最初にルターに好意を示したからといって、その時以後、彼の言ったすべてのことに賛成しなければならないとは思わない。私はかつてルターを異端と呼んだことはない。私は反乱と騒動を嘆いただけだ。だが、同時に私は、教会の専政と悪をもつねに告発し続けてきた……。

しかし、やがて途中で文章の調子が変わって、エラスムスはもはやフッテンに対してではなく、世の人びと一般に向かって語りかける。

……人は福音書のために喜んで死すべきである、と彼（フッテン）は言う。私はもし必要な場合が起これば、それを拒否はしない。しかし、ルターの説く矛盾のために死ぬつもりは少しもない。私は、もし自分にその力があるなら、キリストのために殉教者になりたいと思う。しかし、ルターのために殉教者になりたいとは思わない。
もうお互いに、魚のように仲間の肉を喰い合うのは止めようではないか。なぜ、わけのわからない、あるいは疑わしい、あるいは無益な矛盾に満ちた議論で世の中全体を騒がすのか。この世はすでに、怒りと憎しみと、戦争に満ち満ちているではないか。教書や火刑台ばかりふりかざしていては、いったいわれわれはどうなるというのだ。とるに足らぬ人間をひとり焼き殺してみたところで、何の誉れにもならない。その男を説得することこそ、偉大な仕事なのだ……。

一見して明らかなように、この引用した最後の部分では、エラスムスはもはやフッテンはもちろんのこと、世のルター派や一般の人びとさえ念頭に置いていない。それは明らかに、ローマに対して向けられている。エラスムスは、自己に加えられた非難を弁明する文章においてすら、自分の立場を明らかにし、ルターを批判すると同時に、ローマをたしなめることも忘れていない。そこにはあくまでも中道を貫こうとする、厳しい、冷静な意志のみがある。この点では、エラスムスの一貫性は美しいほどに見事である。彼は、自己の守護神としたあの「テルミヌス神」のように、「何者にも譲らず」、断固としてその立場を守り抜く。彼が「変節」や「裏切」を非難される時も、それは少しも変わらない。変わっているのは、周囲の方なのである。彼が生涯のモットーとした、あの「我、何者にも譲らず」のメダルは、いかなる宗派にも与せず、自己の自由を保ち続けた強靭な精神の勝利の記念であるようにすら私には思われる。
だがエラスムスは、そのような強靭な精神をどのようにして養ったのであろうか。

第2章
不信の時代

パラドックス

エラスムスの生涯は、それ自身、ひとつのドラマであると言ってよい。

党派性と抗争とを何よりも嫌ったエラスムスが、キリスト教内部における最大の争いに捲きこまれていったのは、歴史の皮肉と言うほかはないが、しかしそのすべてを歴史の責めに帰するわけにはいかない。たしかに、十六世紀初頭の三十年間は、精神の平和を保とうとする者にとっては、誰にとっても決して住み易い時代ではなかったに相違ない。

だがその激動の時代におけるエラスムスのドラマは、ほかの誰のものでもないエラスムス自身のものであった。急流に流される木の葉よりも、流れのなかに屹立する岩の方がいっそう激しく水の力と闘わなければならないように、エラスムスはあくまでも自己の立場を守り抜こうとしただけに、いっそう厳しく歴史の波のなかにさらされたとも言えるのである。

もともとエラスムスの生涯は、いくつものパラドックスから成り立っている。われわれがデューラーやホルバインの描くあの見事な肖像画を通して思い浮かべるエラスムスのイメージは、遠く世の喧噪を離れて、ひとり書斎の中で多くの本にかこまれて、古典の研究や聖書の注解にいそしむ学者の姿である。生来病弱で、自分の肉体に対してまったく自信のなかったエラスムスは、寒さを防ぐため、その肖像画においても、つねに黒い焙烙頭巾を耳までかぶり、毛皮の襟のついたガウンを手離したことがない。そして、ペンより重いものを持つことはできないのではないかと思われるほど弱々しい繊細なその指と、どんな時にも燃え上がることのない冷静な、英知に満ちたその小さい眼を見れば、誰しも、これほど争いや闘いに縁遠い人物はないという印象を受けるに違いない。その彼が、農民のように頑健で火の玉のように狂熱的なルターを相手に論争をしなければならなかったということは、何といってもエラスムスの生涯の最大のパラドックスのひとつであった。

しかし、それだけではない。

あれほどまで静謐と安定と、研究を好んだエラスムスが、七十年に近い生涯で、十年と同じ場所に落ち着いて暮らすことができなかった。ロッテルダムに生まれ、デーフェンテル、セルトーヘンボス、パリに学んで以来、彼は、ロンドン、パリ、ローマ、ケルン、バーゼル、フライブルク等々、ヨーロッパの主要都市を転々と遍歴して回る。彼が最も長く一カ所に滞在したのは、一五二一年末から二九年春にかけて、バーゼルに落ち着いた時であるが、それとても八年に満たない。もちろんそれは、彼が各国の君主や知識人たちから招かれたり、宗派の争いに捲きこまれるのを避けようとしたためであって、ある意味では自由な「世界市民」たらんとしたエラスムスにとってふさわしい生活であったとも言えるが、おそらく、彼にとって望ましいことではなかった。

エラスムスは、できることなら、一五二一年にバーゼルに移った時にそう希望したように、静かな所で何ものにも妨げられず、好むがままの学究生活を送りたかったに相違ない。しかし現実には、生涯の間ケーニッヒスベルクの町十数キロの範囲より外に出たことがないと言われる後のカントのような生活は、エラスムスには無縁のものだったのである。

さらに、エラスムスがその膨大な著述や書簡において説くところも、不思議な、しかし美しいパラドックスを示している。当代一流の神学者として、もちろん彼は、当時かしましく論議された神学上の煩瑣な問題にも精通していた。しかし、さまざまなかたちでなされたその宗教論争において、彼が一貫して説き続けたのは、つきつめて言えば、初期キリスト教の精神に帰れという単純明快なことであった。彼は最もオーソドックスな伝統にあくまでも忠実であり、その意味では徹底した伝統派であった。しかしそれにもかかわらず、彼の説くところは、言々句々、つねに大胆清新で、当時においては――いや今日においてさえなお――人びとを驚かすに足るものを持っていた。そのために、一貫してキリスト教の正統を擁護した彼が、生前からすでに「異端」の疑いを受け、死後二十年ほどして、教皇パウルス四世から「第一級の異端者」と決めつけられ、そのすべての著作を禁断の書に指定されるまでにいたるのである。

誰からも求められたエラスムス

だが彼の個人的生涯に関して、何よりも大きなパラドックスは、マリー・デルクール女史が的確に指摘しているように、当時の思想界の王者として、教皇や枢機卿、国王や貴族たちとまったく対等につき合い、生まれながらの貴族のようにきわめて洗練された優雅な物腰と精神的魅力を備えていたエラスムスが、生まれた年もよくわからない私生児であったということであろう。

事実、エラスムスに対する当時の権力者たちの執心ぶりは今さら改めて言うまでもない。彼の遍歴の生涯は、ひとつにはヨーロッパ各国の支配者たちの熱心な招請に応じるためであった。十六世紀の初頭において、それぞれに立場の違う、そして時には厳しい敵対関係にある王侯君主たちが、争ってエラスムスを尊敬すべき客として迎えたがった。フランス国王フランソワ一世（一四九四－一五四七）は、エラスムスにパリに来るようにという自筆の手紙を送り、わざわざそれに、対等な友人として「フランソワ」とだけ署名した（この手紙は、現在バーゼル大学に保存されているという）。フランソワ一世のライヴァルであったシャルル・カン、すなわち皇帝カール五世（一五〇〇－五八）は、エラスムスを自己の宮廷顧問に任じた。イギリス国王ヘンリー八世（一四九一－一五四七）も、わざわざ自筆の招聘状をエラスムスに送っている（それに対しエラスムスは、国王が単に書記の作った文章を書き写すだけでなく、自分で文章を作ることができるぐらいラテン語に熟達してほしいという返事を送った)。そのほかにも、ハンガリーの国王、教皇レオ十世、教皇ハドリアヌス六世、カンタベリーの大司教、スペインの第一枢機卿などが、エラスムスを客分として招きたいと考えた。また、オックスフォード、ケンブリッジ、ルーヴァン、バーゼルなどの一流の大学も、争ってエラスムスを迎えようとした。もちろん、それぞれの場合には、時に政治的な思惑が絡んでいることもむろんあったが、しかしエラスムスが、その学識と人柄によって、すべての人びとから敬愛されていたことは否定できない。

それは、君主諸侯たちにかぎったことではなかった。ローランド・ベイントンは、エラスムスがバーゼルに発つと聞いて、その前に是非ひと目会いたいとアントヴェルペンまでやって来た、ネーデルランドのさる印刷業者の話を伝えている。その印刷業者は、アントヴェルペンに着いてから、エラスムスが実はルーヴァンにいるのだということを教えられると、早速夜を徹してルーヴァンまで歩いて行ったが、翌日のエラスムスの出発にはわずかに間に合わなかったという。また、バーゼルにおいて、新約聖書の刊行の際エラスムスの手伝いをしたオーコランパディウスは、エラスムスから送られた手紙を大切に額装して書斎の机の上に懸けておいたところ、エラスムスの熱烈な心酔者によって盗まれてしまったと伝えられている。いずれにしても、エラスムスが当時いかに人びとから慕われ、求められていたかをよく物語っている。

当時のヨーロッパ世界において、エラスムスを自分の家に迎えることを好まなかったのは、トマス・モアの二度目の妻アリス夫人ただひとりであったとまで極言する人さえいる。というのは、エラスムスは英語を話すことができず、アリス夫人はラテン語を話すことができなかったので、彼女はいつも、夫がエラスムスとわけのわからない言葉で楽しそうに語り合っているのをさびしく眺めていなければならなかったからである。

いささか大袈裟な言い方をすれば、虚弱な肉体と強靭な精神とをその背後に持っていたこのエラスムスという名前は、上下貴賤の区別なく、当時のヨーロッパ世界のあらゆる人びとの上に輝かしく君臨していたとも言えるのである。

しかしながらエラスムスは、その栄光を、生まれや血統によって得たのではない。彼がいったいどのようにしてこの歴史的な激動の時代の世に生まれてきたか、正確なところは誰も知らない。彼の出生に関して伝えられているほんのわずかの事実も、その謎を明らかにしてくれるどころか、却っていっそう多くの論議を惹き起こすだけという有り様である。デジデリウス・エラスムスというあの輝かしい名前すら、父親から受け継いだものではなく、彼自身によって造り出されたものなのである。

出世にまつわる謎

エラスムスの生年について、一四六六年説と一四六九年説の両説がある（さらにその中間の一四六七年という説もある）ことはすでに述べたが、この両説いずれに関しても、責任はエラスムス自身にある。というよりも、エラスムス自身による言明以外、ほとんど何の判断の材料もないのである。そしてエラスムスは、あるところでは一四六六年という自己の生年を明記しているが、他の資料には、どうしても六九年生まれでなければ辻褄の合わないような証言を残している（たとえば、一五二四年に刊行された『履歴』のなかに、彼が九歳の時デーフェンテルに行ったという記述があり、別の箇所に、デーフェンテルでの祝祭を見たという思い出が語られているが、この祝祭は一四七八年に行なわれているのである）。そのため、彼の生年をめぐって、エラスムス自身の記憶違い説や資料偽書説まで登場してさまざまな議論がなされ、結局いまだに決着がつかないのだが、彼が何年に生まれたにせよ、合法的な結婚による嫡出子でなかったことは確かなことだったようである。

そのことを物語る明らかな証拠として、エラスムスは一五一七年一月、教皇レオ十世より、現在の身分、生活に必要な食禄を受けること、僧服を脱いで自由な服装をしてよいことと並んで、以後、訴願状等に私生児という特殊な身分を記す必要がないということを認める特別な許可状を得ている。ということは、逆に言えばその時まで、すなわち五十年近くのあいだ、エラスムスの上に、「私生児」という好ましからぬ呼称がつねに重く覆いかぶさっていたということである。男女のモラルについての考え方が、今日とはよほど違っていたという事情が仮りにあったにもせよ、この不名誉な事実が、エラスムスにとって長年のあいだ大きな心の負い目になっていたことは想像に難くない。

ましてそれが、エラスムス自身、一五一六年の教皇への訴状のなかではっきりと認めているように、単に非合法的であっただけではなく、「おそらくは瀆神的な、呪われたもの」であった――すなわち、父親がすでに聖職に身を捧げて後のことであった――とすれば、なおのことである。後になって彼が、その『履歴』のなかで、自分の出生の事情を明らかにしようと努めたのも、その心の負い目の故であったに違いない。

『履歴』のなかで彼が語るところによれば、後にある研究者によって「伝奇小説の網の目のようだ」と言われたその事情は、以下のようなものである。

彼の父親ヘラルド（またはヘールト）は、十人兄弟のうちの九番目の息子であった。兄たちは、兄弟が多いと遺産の分け前がそれだけ少なくなるので、皆で相談してヘラルドを聖職につけようとした。だがヘラルドには、早くからお互いに心を通じ合ったマルガレーテという娘がおり、ふたりは結婚するつもりであった（のみならず、ある人びとの話では、彼らは「正式に婚約までしていた」とエラスムスは強調している）。ところが兄たちは、あくまでもふたりの結婚に反対し、当初の計画通り彼に聖職者になるように要求したので、ヘラルドは、当時すでに妊娠していたマルガレーテを残してローマに赴き、ギリシア語やラテン語の筆耕をして自分の生活を支えた。兄たちはさらに一計を案じ、ローマにいるヘラルドに、マルガレーテが死んだという偽りの報せを送った。これを信じたヘラルドは、悲しみのあまり、修道院に入ってしまった。その後、オランダに戻り、マルガレーテが健在であるばかりか、男の子まで生んでいたことを知ったが、いったん誓いをたてて僧衣をまとった以上、還俗することはできないと言って、ヘラルドはついにマルガレーテの許には戻らなかったというのである。このようにして、マルガレーテの手許に、父無し児が残されたが、それこそ後年のエラスムスその人であったことは言うまでもない。

この話は、後にチャールズ・リードが『僧院と家庭』（一八六一年）という小説に取り上げたためにすっかり有名となってしまったが、それだけに、エラスムスの出生を論ずる時、いつも引き合いに出されることともなった。そして奇妙なことに、六六年説の主唱者も六九年説の支持者も、ともにこの話のなかに自分たちの説を裏づける根拠を見出そうとしたのである。

今ここで、その煩雑な議論の詳細に立ち入る余裕はないが、細かい点は無視して大ざっぱに論点を整理すれば、次のようなことになる。

六六年説、六九年説のいずれも決定的なものではなく、どちらにも難点がある。六九年説にとっては、エラスムスが六六年生まれだと自ら言明しているのはどうも具合が悪いし、六六年説にとっては、デーフェンテルの祝祭やその他『履歴』に出てくる修学の記録が六九年説と辻褄が合うのがうまくないところである。そこで六九年説の人びとは、エラスムスが意識的に自分の誕生を三年ほど繰り上げたのではないかと考えた。その理由は、エラスムスが生まれた時、父のヘラルドはローマにいたわけだが、もしすでにその時ヘラルドが修道院入りをしていたとすれば、エラスムスは聖職者と未婚の娘（寡婦という説もある）という「瀆神的な、呪われた」関係の落とし子ということになるし、もしまだ修道院にはいっていなかったら、単に婚約者とのあいだの子ということになる。それゆえに、エラスムスは自分が実際より早く生まれたことにして、決して

「瀆神的な、呪われた」子ではないということを暗に訴えたかったのだろうというのである。

一方、六六年説の人びとは、一五二四年の『履歴』そのものが、実はエラスムスの手になるものではないのではないかという疑問を出した。というのは、そこで語られているヘラルドとマルガレーテの話では、ふたりのあいだに子供はひとりしかいなかったことになっているが、実はエラスムスには、ペトルスという名の三歳ほど年上の兄がいたことが明らかにされており、エラスムス自身、若い頃の手紙のなかでこの兄との交わりについて言及しているので、ペトルスのことが出てこない『履歴』は、資料として怪しいというのである。たしかに、もし『履歴』がほんとうにエラスムスによって書かれたものだとしたら、兄のことが語られていないのはおかしいと言えばおかしい。おそらくそのためであろう、現在では大勢はほぼ六九年説に傾いているようであるが、それでもなお、一九六九年に『キリスト教世界のエラスムス』という優れた研究書を出したローランド・ベイントンなどは、断定できないという留保をつけながらではあるが、「どちらかと言えば一四六六年」という説を支持しているほどである。

したがって、現在のところ、決定的な判断を下すに足るだけの材料がないと言ってよい。ただ、『履歴』に語られているヘラルドとマルガレーテの話は、きわめて人間的な一面を持っており、エラスムス好みの話であると同時に、実際にも大いにありそうなことと思われる。おそらく、似たようなことがあったと考えて誤りではないであろう。

そして、これはまったく私の臆断だが、ヘラルドがローマに行っているあいだに生まれたのが実は兄のペトルスで、エラスムスはヘラルドが戻って来た後に生まれたということも考えられるのではないだろうか。そして、エラスムス自身はそのことを知ってはいたが、『履歴』においては、父親の名誉のためにも僧籍にはいってからはもうマルガレーテと交渉がなかったことにしなければならなかったので、ペトルスの代わりに自分が生まれたことにしてしまい、その結果、計算してみれば彼が三歳ほど早く生まれたことになってしまった——つまり、六六年に生まれたのは実は兄の方だが、彼がそれを意識的に自分ということにしてしまった——と考えるのは、あまりにも「伝奇小説的」に過ぎるだろうか。

ロッテルダムのヘラルド

いずれにしてもエラスムスは、ハウダ出身の聖職者ヘラルドと、ゼーフェンベルフェンの医師の娘マルガレーテとのあいだの私生児として、ロッテルダムに生まれた。ヘラルドは、もちろんマルガレーテと結婚はしなかったが、息子の養育のための援助は与えた。この父親に対し、エラスムスは私生児という境遇の負い目をつねに痛いほど感じながらも、心の底では絶えず深い愛情を抱いていたようである。「ヘラルド」という名前は、オランダ語では「愛されし者」の意味だというが、エラスムスはその父親の名を、喜んで自分から進んで受け継いだ。

「エラスムス」というのは、ギリシア語で「ヘラルド」と同じ意味の言葉である。彼の最初の著作には、いっそうギリシア語の音に近い「ヘーラスムス」という名前が書かれている。この名前をさらにラテン語に意訳すると、「デジデリウス」になる。つまり、人類精神史の上に大きな足跡を残すことになるデジデリウス・エラスムスという名は、エラスムスが父親から受け継いだほとんど唯一の遺産だったと言ってもよいのである。

ギリシア語とラテン語から成る彼のこの名前は、当然、古典世界に対する彼の関心の深さと、ようやくナショナリズムの起こりつつあった時代において、あくまでも「世界市民」たらんとする彼の決意を示すものと言ってよいであろう。

しかしながら、彼はその名前に、「ロッテルダムの」という言葉を加えることを忘れなかった。彼は、精神の世界においては国境も時間も越えて自由に飛翔することを好んだが、肉体の絆によって、オランダの風土や土地と深く結びつけられていることを強く自覚していた。もちろん、当時はまだ今のオランダという国はなかったわけだが、エラスムスは、後年しばしば自分にとって親しい「ホランディア」、または「バタヴィア」のことを誇らしげに語っている。たとえば『格言集』のなかに、オランダについて次のような一節がある。

……この地方の住人たちは、古代においては、粗野で無骨だと言われていた。しかし今日では、彼らはまったくそうではない。ただし、無骨というのが激しい労働に耐え得るという意味であるなら、今日でもそうである。人びとはおよそ狡いところがなく、人間味に溢れ親切であり、闘争心や残酷さをまったく持ち合わせていない。彼らの唯一の悪徳は、食卓の楽しみに溺れ過ぎることであるが、それはおそらく、国土が豊かな牧場と、水禽の群れ集まる沼沢地に恵まれているからであろう。これほど人口密度が高く、これほど都会的なところはほかにどこにもない。家庭には、われわれの船が世界中の港から持って来る豊麗優雅な品物が溢れている。文学・学問において傑出した人びとの数は決して多くはないが、それはおそらく、生活があまりにも容易であることと、またこの土地の人びとが、博識よりもバランスのとれた完全さをいっそう高く評価することに由来するものであろう。

エラスムスのこの観察は、彼が語っている対象についてと同じくらい、語り手自身のことをわれわれに教えてくれる。「ロッテルダムの」エラスムスであることをつねに意識していた彼にとって、オランダの人びとというのは、他人ではなく自分のことであった。ここに語られているオランダの人びとの姿は、とりもなおさず彼自身であった。

たとえば、彼自身、「食事の楽しみ」に溺れる傾向があった。一五〇六年から九年にかけて、イタリアの各都市を旅行した時でも、彼はフィレンツェの町やローマの壮麗な芸術活動についでは、ほとんど何も書き残してはいない。しかも、考えてみれば、それはミケランジェロ（一四七五－一五六四）がシスティナの礼拝堂にこもり、ラファエルロ（一四八三－一五二〇）が〝署名の間〟の大壁画と取り組んでいた美術史の上でも稀有の時期である。ところがエラスムスは、旅の印象を語りながら、それらの芸術作品にはまったくと言ってよいほど触れていない。彼が語っているのは、イタリアにおける食事のまずさ、食事時間があまりにも短すぎること、貝や魚の料理法、葡萄酒の質の悪いこと等、もっぱら食物に関する話題ばかりである。私はそこに、エラスムスの健全な生活感覚と人間的な一面とを見出す。そして、それはただちに、宗教的な修行における断食の意義や金曜日に魚を食べることの議論に反映されるのである。

もしこれが平和な時代であったなら、気質的には典型的なオランダ人であったエラスムスは、精神の糧と肉体の糧とをともにゆっくり楽しみながら、堅実ななかにも豊かな悠々たる生活を送ったであろう。しかしながら、彼の生きた時代は、それまであの壮大な大聖堂のように揺るぎないものと思われていた中世カソリックの信仰に対する疑いが、ようやく明らかになってきた時代である。その疑いは、ちょうどエラスムスの生まれた十五世紀の後半において、ヨーロッパの各地でさまざまなかたちを示すようになっていた。エラスムスの誕生は、まさにそのような不信の時代の始まりと時を同じくしていたのである。

第3章
変革への底流

デーフェンテルの少年時代

少年期から青年期にかけてエラスムスがどのような教育を受けたか、その足跡については、エラスムス自身の証言やその他の資料によりかなりの事実が知られている。後年、ヨーロッパの主要都市を転々としてさまよい歩くエラスムスの運命は、すでにその修業時代から彼につきまとっていた。一四八八年、おそらくは十九歳の年に修道士としての誓願をたてるまで、エラスムスは少なくとも四つの町をわたり歩いている。

最初に彼の師となったのは、ハウダの町のペトルス・ヴィンケルという人であったという。このヴィンケルなる人物については、詳しいことはわかっていない。その後エラスムスは、一年ほどのあいだ、ユトレヒト大聖堂付属聖歌隊に加わったが、一四七五年、兄のペトルスとともに母親に連れられてデーフェンテルに移り、そこの共同生活兄弟会経営の学校に入れられた。彼が一四六九年生まれであったとすれば、六歳の時のことである。

エラスムスが、なぜせっかく入ったユトレヒトの聖歌隊をわずか一年程度で辞めてしまったのか、そして母親が、なぜそこから一五〇キロも離れているデーフェンテルまでふたりの息子を連れて行ったのか、その辺の事情は推測にまかせるより仕方がない。おそらく、生まれつき虚弱な体質であったエラスムスは、聖歌隊には向かなかったのであろう。後年になってからも、エラスムスの声は小さかったと伝えられる。彼は性格的のみならず体質的にも、大勢の聴衆を前に熱弁をふるうというタイプではなかった。彼はつねに自分の書斎のなかで、あるいは気のおけない友人たちのあいだで、静かに語るのを好んだ。この点において、すでに彼は、生まれながらに扇動者としての資質を備えていたルターとは対照的である。

母親が子供たちをデーフェンテルに連れて行ったのは、そこが、ネーデルランドにおける知的活動の重要な中心地であったからであろう。当時デーフェンテルでは、ネーデルランドの他のどの町よりも多くの本が出版されていたという。そしてもちろん、ネーデルランドは、イギリスよりもフランスよりも、スペインよりも活発な出版活動を見せていた。演説や説教よりも印刷という手段によって精神世界の王者となるエラスムスには、まことにふさわしい町であったと言わねばならない。

両親の死

デーフェンテルでの滞在は、彼の修業時代においては、比較的安定した時期であった。しかし、それも十年とは続かなかった。一四八三年、エラスムスは、疫病の流行によって父親と母親とをあいついで失った。つねに彼のそばにあって養育に尽くしてくれた健気な母親と、表向きに親子のつながりを認めていなかったとはいえ、実際にその養育に力を貸してくれた父親とを同時に失ったことが、十五歳の少年にとって大きな打撃であったことは想像に難くない。

後に彼がひとつの場所に定住することなく、多くの町をさまよい歩くのは、疫病の流行を逃れるためでもあったのだが、病気に対する彼のこの過敏なまでの恐怖には、少年時代、一度に両親を奪われた思い出がずっとまつわりついていたのかもしれない。

両親を失って孤児となったふたりの少年は、いったん父親のいたハウダに戻り、エラスムスは、かつての師であったペトルス・ヴィンケルなどの世話で、セルトーヘンボスの共同生活兄弟会付属学校に入った。ここでの二年間の生活は、彼にとっては、修業時代のなかでも最も憂鬱な日々であったらしい。そして再びハウダに帰来した後、今度はステインのアウグスティノ在俗修道司祭会修道院に修練士として入り、一年後に（おそらく）修道士としての誓願をたてる決心をすることとなるのである。

デーフェンテル、セルトーヘンボス、ステインでの勉強は、それぞれにエラスムスに重要な影響を及ぼした。そしてすでにこの時期に、エラスムスは、危機の時代のユマニストとしての後半のその関心や考えを随所で示している。しかし、そのことについて述べる前に、エラスムスの生きた時代の一般的な精神的背景について少し述べておく必要がある。十五世紀後半から十六世紀初頭にかけてのヨーロッパは、あのゴシック時代盛期の大聖堂のように揺るぎなく堅固なものと思われていた中世の信仰の体系が音を立てて崩れはじめた時代であり、エラスムスは好むと好まざるとにかかわらず、その大きな歴史の渦のなかに捲きこまれて行くこととなるからである。その出生においてすでに異常な運命に見舞われていたエラスムスは、歴史の流れのなかにおいても、中世から近代への移り変わりという大きな変動の時期に、否応なしに投げこまれていたのである。

『今後二十年間の予告』の終末観

エラスムスが疫病によって父親と母親とを続けて失った一四八四年、ネーデルランドの港町アントヴェルペンにおいて、『今後二十年間の予告』と題する奇妙な小冊子が刊行された。「奇妙な」というのは、そこには、今日から見れば迷信としか思われないようなことが、大真面目で論じられているからである。

その内容は、題名の示す通り、一四八四年から数えてその後二十年間の——すなわち、一五〇〇年というひとつの区切りをはさんで一五世紀末から十六世紀初頭にかけての時期の——西欧の運命を「予言」したものである。しかもそれは、この二十年間こそが、キリスト教の歴史のなかでかつてない大きな変革の時代であり、新しい時代の誕生をもたらすものだという内容であった。

この小冊子が一四八四年という時点において刊行されたのは、それなりに深い意味がある。というのは、この本自体の説くところによれば、一四八四年の秋、当時の占星術において「不吉の星」とされていた木星と土星が天蠍座のなかで出会うことになっており、それはとりもなおさず、大変な災厄の起こる「前兆」だからである。つまり、このふたつの「不吉の星」の出会いは、地上に恐ろしい災厄をもたらす。その影響が明瞭に表われてくるには、ほぼ二十年間の歳月が必要である。したがって、これまでの世界は一五〇〇年という区切りの時期においていったん終わりを告げ、十六世紀の初頭には、新しい世界を告げる新しい予言者が登場するであろうというのが、『今後二十年間の予告』の告げるところなのである。

もちろん、今ならそのような「不吉な星」の出会いなど、馬鹿馬鹿しい迷信だと笑ってすまされるかもしれない。しかしエラスムスの時代においては、それは一般の人びとのみならず知識人たちのあいだにおいても、広く信じられていた。いや、天体の運行についての正確な知識が要求されるために、知識人たちのあいだにおいてこそ、いっそう強く占星術的思考が普及していたと言えるかもしれない。事実、『今後二十年間の予告』にしても、決していい加減な筆者の手になるものではなく、その著者は当時国際的に知られていた人文主義者で、後にフォッソンブロンの司教にまでなったパウル・デ・ミッデルブルグ（一四四六―一五三四）だったのである。

もともと木星と土星というのは、当時知られていた限り、太陽から最も遠い惑星である。したがって熱も光もなく、暗い、冷たい世界、すなわち生命活動からは縁遠い「不吉な」星である。しかもその公転周期は、それぞれ十二年と三十年であるから、このふたつの星が「出会う」のは、その最小公倍数である六十年に一度ということになる。つまりそれは、人間ひとりの一生において一度起こるか起こらないかという稀有の事件であり、それだけに占星術においては、このふたつの星の出会いは、昔から大きな意味を持っていた。

たとえば中国においても、司馬遷の『史記』のなかの「天官書第五」に「……土星は憂患を司り、いろいろの禍いを生ずる。木星は飢饉を司り、敗北や失敗を生ずる。……木星と土星が出会う時は、内乱があり、飢饉となる……」というような記述が見られるから、東洋においても同じような考えがあったわけである。

しかしそれにしても、木星と土星が六十年に一度は出会うということであれば、それまでにも、歴史の上で災厄の「前兆」は何度となくあったはずである。一四八四年の「出会い」が特に大きな意味を持っていたのは、それが一五〇〇年の区切りを予告するような、そのような時期での「出会い」であったからにほかならない。

一千年、または五百年という区切りのよい時代がひとつの世界の終わりを示す単位であるという考え方も、洋の東西を問わず見られるところである。少なくとも西欧においては、ちょうど紀元一千年の前後にそうであったように、十五世紀の末には、まもなくこの世の終わりが来るという信仰が人びとのあいだに広まっていた。この時代には、親から子、子から孫へと何百年もかけ、石を積み上げて壮大な大聖堂を造り上げようという、かつての確固とした信仰はもはや失なわれ、人びとは遠からずやってくるに違いない世界の終わりに対して、どうしようもないような不安と焦立ちを覚えていた。

もちろんそこには、たとえば地中海世界においては、一四五三年にオスマン・トルコがコンスタンティノープルを占領して東地中海一帯をその支配下に置いた結果、強大な「異教徒」たちの帝国が眼の前に迫ってきたという現実の危機感があり、アルプスの北の国々においては、百年戦争の長い戦乱による現実の荒廃があったことは否定できない。

そのような現実の危機や荒廃は、世界の終末に対する信仰をいっそう強めるのに役立った。ふたつの不吉な惑星の出会いという占星術的事件は、このような一般的な雰囲気を背景として、特に人びとに強い印象を与えたのである。

したがって、パウル・デ・ミッデルブルグの『今後二十年間の予告』のなかで述べられているような終末観は、決して特異なものでも例外的なものでもなく、むしろきわめて一般的なものであった。われわれはその種の証言を、数多く持っている。そのなかでも特に有名なのは、一四八一年、すなわち問題の惑星の出会いの年の三年ほど前、フィレンツェにおいてはじめて印刷されたダンテの『神曲』に付けられた人文主義者クリストフォロ・ランディーノ（一四二四－九八）の注解の文章であろう。

ランディーノ版『神曲』の影響

このランディーノの注解付きの『神曲』は、ボッティチェルリ（一四四五？－一五一〇）の下絵による十九点の挿絵がつけられているので、美術史的に言っても興味深い資料なのであるが、しかしそれ以上に、当時の人びとに与えた影響力の強さからいって、見逃し得ないものを持っている。というのは、この『神曲』に注解をつけたクリストフォロ・ランディーノは、メディチ家の保護を受けていた人文主義者で、そのダンテ解釈は、当時フィレンツェの知識人たちのあいだに支配的であったネオプラトニズム（新プラトン主義）の思想を背景としており、しかも、かつてミケーレ・バルビが指摘したように、このランディーノ版『神曲』は、十五世紀末はもちろんのこと、「十六世紀の最初の十年間においても、イタリアで読まれていたほとんど唯一の版」であったからである。

事実、この『神曲』には、当時フィレンツェにおいてネオプラトニズムの思想の中心人物であり、ランディーノの友人でもあったマルシリオ・フィチーノ（一四三三－九九）が熱烈な序文を寄せており、ランディーノの注解においても、全編にわたってネオプラトニズムの思想が濃くその影を落としている。そして、晩年ふたたび『神曲』の挿絵を描くのに没頭したボッティチェルリをはじめ、レオナルドもラファエルロもミケランジェロも、みなこのランディーノ版によってダンテに親しんだことを考えれば、その影響の重要性は容易に想像されるところであろう。

ところでこの『神曲』の注解のなかで、ランディーノは、三年後の一四八四年に「木星と土星が天蠍座のなかで出会う」ことにより、新しい「黄金時代」がやってくるということを述べているのである。この場合、ふたつの惑星の出会いは、災厄ではなくて逆に人間世界に良い運命をもたらすものと解釈されているが、いずれにしても、ひとつの時代の終わりが間近いという期待がそこに表明されているわけである。

占星術と結びついたこの種の特異な終末観は、きわめて広い範囲の人びとのあいだに浸透していた。この問題の年、一四八四年に、ローマでヨハンネス・メルクリウス・デ・コリジオ（一四五一―?）という男が、奇妙な服を着て茨の冠をかぶり、今や世界の終わりが近づいたと叫びながら、町中を馬に乗って駆け回り、怪しげなパンフレットを撒き散らすという事件が起きたが、人文主義者で占星学者でもあったルドヴィコ・ラザレルリ（一四四七―一五〇〇）は、これこそ新しい時代の到来を告げるありがたい徴だと賛美する文章を残している。

さらに、西欧世界のみならず、東方のユダヤ人たちのあいだでも、一四八四年に真の救世主が登場するという言い伝えがあったことを、一四七三年にコンスタンティノープルに旅行したひとりのイタリア人が伝えている。良いことであれ、悪いことであれ、ともかくこの十五世紀末の時代に、世界の終わりが間近いという危機感ないしは期待感は、おそらく今日われわれが考える以上に強く人びとを支配していたと言ってよいであろう。

「世界の終末」と「新しい宗教」

このような雰囲気は、当然宗教の世界にも強い影響を及ぼさずにはいない。いやむしろ、世界の終末というような問題は、何よりもまず宗教的な問題である。十五世紀の末から十六世紀の初頭にかけて、ヨーロッパの各地で、「新しい宗教」を目指す各種の改革運動や「世界の終末」についての幻想的なヴィジョンへの関心が広く見られたことは、よく知られている通りである。「世界の終末」のヴィジョンだけについて言えば、たとえばレオナルド・ダ・ヴィンチ（一四五二−一五一九）は、この世の終わりを暗示するあの一連の「大洪水」のデッサンを残しているし、デューラーは、この世をすっかり覆い尽くしてしまうほどの恐ろしい雨が天から降ってきた夢を見て、その夢の幻影を忘れ難い水彩画に残している。もちろん、ふたりの天才の表現の様式はまったく異なっているが、しかしそこには、不思議とよく似た精神的雰囲気が感じられる。この一事だけでも、当時のヨーロッパには、アルプスの北においても南においても、あるひとつの共通した精神的風土があったことを十分に物語るものであろう。

この精神的風土の宗教世界への影響は、大きく分けて、ふたつの傾向を生み出した。ひとつは、従来の教会の制度やドグマを否定して「新しい宗教」を生み出そうとする現実の改革者たちに見られるものであり、もうひとつは、現実世界における制度や権威を越えて、直接神と結びつこうとする神秘主義的傾向である。しかも、一見相反するように見えるこのふたつの傾向は、しばしばひとつに絡み合って現われてくる。

イタリアにおけるこのような傾向の代表的存在として、人は誰しも、メディチ家の勢威の絶頂の時代に登場して、ほとんどただ独りでフィレンツェ共和国の政治体制を変えてしまった、あの不敵なドメニコ派修道僧ジロラモ・サヴォナローラ（一四五二―九八）を思い出すであろう。サヴォナローラについては、すでに詳しく述べたことがあるので、ここでは繰り返さない。ただ、現実にはきわめて「政治的」な現われを示した彼の改革運動が、実は神の罰がフィレンツェの町の上に下されるという彼自身のなまなましい終末観的幻影と結びついたものであることと、その結果、彼のヴィジョンが、たとえばボッティチェルリの「神秘の磔刑」や、あるいはオルヴィエト大聖堂のサン・ブリチオ礼拝堂に今も残っているルカ・シニョレルリの「世界の終わり」のような、幻想的芸術作品を現実に生み出したということだけは指摘しておく必要があるだろう。そして、それはもちろん、レオナルドの終末観的幻想にも結びつくものなのである。

アルプスの北の国々においては、改革運動はさらに徹底した容赦ないものであり、その幻影世界はさらに神秘的で強烈なものであった。最初は散発的で、やがて次第にひとつの大きな歴史的流れを形成していくようになるそれらの改革運動のなかで、最も重要なのは言うまでもなくルターのそれであるが、ルターについては、特にエラスムスと深い関係にあるので、章を改めて見ていくこととしたい。ただ、十五世紀末の終末観との関連から言えば、ルターが教皇庁に対するその立場をいよいよ鮮明なものとしていった時、カソリック側からなされた彼に対する攻撃のなかで、ルターがあの「不吉な星」の出会った運命の年――一四八四年の秋に生まれているので、彼こそは悪魔の落とし子だという非難があったことは、当時の精神状況をよく示すものとして興味深い（事実は、ルターはその前の年の一四八三年に生まれている。しかし、ルターが実際にいつ生まれたにせよ、彼が占星術的に不吉な年に生まれたと信じられていたこと、ないしはそのような非難攻撃が現実になされたことが重要なのである）。

聖女ビルギッタの幻想

北方の幻想は十四世紀以来、多くの神秘家を生み出したが、十五世紀の後半にいたって、いよいよその強烈なヴィジョンを濃密なものとしていった。われわれは、そのようなヴィジョンが生み出した驚くべき芸術作品の例として、十六世紀の初め、おそらくは一五一五年に描かれたあのグリューネヴァルト（一四七〇頃－一五二八）の「イーゼンハイムの祭壇画」を持っている。この祭壇画が、文字通り当時の幻想文学に直接に触発されたものであることは、戦前のハインリッヒ・フォイルシュタインの研究以来、多くの研究者によって明らかにされている。そのもととなったのは、十四世紀以来ドイツにおいて強い影響を及ぼしていたスウェーデンの聖女ビルギッタ（一三〇三－七三）の文章である。

聖女ビルギッタがまざまざと目のあたりにしたというキリストの殉難の情景は、その『イエス・キリストの生涯と受難および聖母マリアについての啓示』（以下『啓示』）のなかに語られて

グリューネヴァルト「イーゼンハイムの祭壇画」の磔刑図

いるが、その神秘的文書が、ちょうど世紀の変わり目の一五〇〇年、ニュールンベルクにおいて刊行されている。この時、扉絵その他のデザインを考えたのは、ストラスブールに滞在していたデューラーであった。

この『啓示』において、たとえば十字架の上のキリストの姿は、次のように描写されている。

茨の冠は主の頭の上におしつけられ、額の半ば以上を覆っていた。血は多くの流れとなって滴り落ちた……。やがて死の色が全体に拡がっていった……。主の息が絶えた後の姿は、口を大きくあけて、見る者に舌と、歯と、血にまみれた口の中を示していた。眼は力なく下の方に向けられ、膝は一方に曲げられていた。足は釘を打たれてその周囲にまるで蝶番をつけられているように捩れ……、引きつったような指と腕は、大きく引きのばされていた……。

「イーゼンハイムの祭壇画」のいちばん外側の面に描かれている十字架上のキリストの姿は、まさしくこの描写通りの、おそろしいまでになまなましい様相を示している。そのほか、「数えることができるくらいはげしく飛び出した肋骨」や、「背中につきそうなほど引っこんだお腹」や、あるいは、「あまりの苦痛の激しさのあまり、その聖なる身体のあらゆる部分から力が脱けてしまった」聖母マリアの姿など、グリューネヴァルトの画面に見られるものは、いずれも聖女ビルギッタの幻影の語る通りである。

このおぞましい苦悩の表現のみならず、同じ祭壇画の内側の扉に描かれている聖母マリアへの輝かしい賛歌も、やはり同じように聖女の『啓示』にもとづいているのだが、美術史的に大きな興味を呼ぶそのような細部には、今ここで詳しく立ち入る余裕もないし、またその必要もない。聖女ビルギッタの幻想をそのまま映像化したような壮大なグリューネヴァルトの祭壇画に端的に見られるように、この時代に激しい宗教的幻想が人びとの心をひたひたと浸していたことが重要なのである。それは、多くの人文主義者や芸術家などの一流の知識人たちから、ごく平凡な一般の民衆のあいだにまで、さまざまなかたちで広まっていた。中山茂氏の『占星術』(紀伊国屋新書)によれば、一四九二年にアメリカ大陸を発見したコロンブスの一行が新大陸から持ち帰って来た梅毒が、たちまちのうちにヨーロッパ全土に広がった時、この新しい奇病に対してなす術を知らなかった当時の占星医たちは、これこそ一四八四年の「不吉な星」の出会いによる凶事のひとつだと判断したという。それほどまで、当時の人びとのあいだには、世の中の不思議に対する畏怖の感情が広まっていた。

それは、一方においては、新しい「黄金時代」に対する熱烈な期待と、他方においては「世界の終末」に対する激しい恐れとがともに存在して、きわめてヴォルテージの高い精神的風土を作り出していた時代であった。ある者は、その雰囲気のなかで狂信的な改革運動に身を捧げ、ある者は悪夢のような幻影におののき、さらに他の者は、異常なまでの宗教体験に陶酔した。いわばこの時代は、ヨーロッパが激しい興奮状態にあった時代である。

エラスムスが生きたのは、まさにこのような時代であった。そしてそのような時代にあって、エラスムスは、奇しくも同じ年に生まれたニッコロ・マキャヴェッリ（一四六九－一五二七）とともに、あくまでも冷静に醒めていた数少ない精神の持ち主のひとりだったのである。

第4章
古代へのめざめ

異教的古代とキリスト教的中世の遺産

エラスムスが、「我、何者にも譲らず」というラテン語の銘文とともに、古代ローマの神テルミヌスを自己の守護神としたことからも明らかなように、エラスムスの生涯は、古典古代に対する強い情熱に支えられていた。彼の残した仕事は、一方ではギリシア語新約聖書の校訂や『キリスト教兵士提要』（一五〇四年）に代表されるキリストの僕としての業績と、他方において、アリストテレス、ルキアノス、プルタルコス、セネカなどの古代ギリシア、ローマの重要な文献の翻訳、校訂といういわゆる人文主義者としての功績と、大きくふたつのグループに分けられる。そのほかさらに、『痴愚神礼讃』（一五一一年）や『結婚礼讃』（一五一八年）などのような、ある意味できわめてジャーナリスティックな評論活動があるが、当時から広く人びとに迎えられたこれら才気に満ちた評論も、古代への情熱とキリスト教の信仰というふたつの大きな柱に支えられていたことは言うまでもない。また、やはり彼の代表的著作に数えられる『対話集』のように、直接ラテン語やギリシア語の教育のために書かれた作品や教育論も、当然人文主義者としてのエラスムスの仕事に加えられるべきものである。

異教的古代とキリスト教的中世と、このふたつの歴史的時代からの遺産をともに受継ぎ、それらをひとつに融合させようとした点で、エラスムスはルネッサンスの典型的な知識人であったと言ってよい。マルシリオ・フィチーノを中心とするフィレンツェのネオプラトニズムの詩人、哲学者たちの例にはっきりとうかがわれるように、「ルネッサンス」は単に中世を飛び越えて古代を「復興」しようとしたのではなく、古代と中世をいかに和合させるかということにその最大の課題を持っていたからである。

古典への没頭

テルミヌス神を守護神とするのは、彼の生涯においてもずっと後になってからのことであるが、古代的なものへの憧れは、きわめて早い時期から彼の心のなかに芽生えていた。すでに見たように、エラスムスの若い頃の教育はまずハウダにおいて始まり、次いでデーフェンテルの共同生活兄弟会経営の学校にはいり、一四八三年、両親を失ってから、セルトーヘンボスの共同生活兄弟会付属学校にしばらく学び、一四八七年にステインのアウグスティノ在俗修道司祭会修道院に入って修道士としての道を歩むことになるという極めて宗教的色彩の濃いものであったが、そのデーフェンテル時代から、すでに古典語に親しみはじめていた。もっとも、四十年も後になってからエラスムス自身が回想しているところによれば、デーフェンテルでのラテン語の教育は、まず最初に初歩的な格変化を教えられ、次いで多くの点で間違いの多い文法を詩の形にしたものを暗記させられるという無味乾燥なもので、およそ少年たちの夢や知識欲を刺激するものではなかったようである。それも、二百人もの生徒をひとつのクラスに集めて、先生が格変化や文法詩を大声で読み上げるというのであるから、むしろどれほどつまらないものであったか、容易に想像がつこうというものである。後にエラスムスが、自ら古典語を人に教えるようになって、そのためには文法的に正確であるのみならず、内容的にも優れた思想や興味深いエピソードを盛りこんだ文例を生徒に与えなければいけないという信念から、やがてあの『格言集』（一五〇〇年）や『対話集』（一五一八－三三年）を生み出すようになったのも、この少年時代の体験がその背後にあったからであろう。

しかし、それにもかかわらず、エラスムスは「何ともよくわからぬ、しかし強い本能的情熱に駆り立てられて」、古代の文学に没頭するようになっていった。われわれに残されているエラスムスの最初の手紙は、デーフェンテル時代に、ハウダにおける最初の師であったペーター・ヴィンケルに宛てたものであるが、それはオヴィディウスを引用したりしたラテン語によるものであった。もっとも、ヴィンケルは古典に対してエラスムスほどの興味も情熱もなかったと見えて、これに対しては、ただ冷たく、もし今後このような手紙を書くなら、いっしょに注釈も書き送るようにと返事を書いただけであったという。

同時代人ロレンツォ・ヴァラへの傾倒

古代の「良き文学」に対するエラスムスの情熱は、アウグスティノ修道会に修練士として入会してからも決して消えることなく、むしろますます強烈なものとなっていった。明らかに彼は、祈禱や断食に縛られる修道士としての厳しい生活よりも、異教の文学に親しむ方を好んでいた。その頃、彼は、やはり同じハウダ出身のコルネリウス・ヘラルトという年上の友人としきりに手紙を交わしているが、このヘラルトも同じアウグスティノ修道会に属していたにもかかわらず、二人はもっぱら文学を論じ、自作の詩を交換しあったりしていた。ある手紙のなかでは、エラスムスは自分の尊敬する文学者の名前を、次のように書き連ねている。

僕は自分なりに自分の先生を持っていて、その後に随いて行く。もちろん、君は君で師と仰ぐ人が別にいるかもしれないが、それについては少しも反対しようとは思わない。僕の先生というのは、詩においてはヴェルギリウス、ホラティウス、オヴィディウス、ユヴェナリウス、スタティウス、マルティアリス、クラウディアヌス、ペルシウス、ルキアノス、ティブルス、プロペルティウスで、散文においてはキケロ、クィンティリアヌス、サルストゥス、テレンティウスたちだ。それから、良い文章を書く権威としては、僕はロレンツォ・ヴァラ以上に信頼している人はいない。精神の鋭敏さと記憶の確かさにおいて、ヴァラに肩を並べることができるほどの人はほかに誰もいない。僕はあえて告白すれば、これらの優れた作品によって容認されないようなものは、何ひとつ自分で発表しようとは思わない……。

ここに並べられた古代の作家たちの名前を見るだけで、エラスムスがいかに古典文学に深く親しんでいたかを十分にうかがうことができる。さらにこの手紙のなかで、彼が「近代人」としてただひとり、イタリアの人文主義者ロレンツォ・ヴァラ（一四〇七－五七）の名前を挙げていることは、きわめて暗示的である。というのは、ヴァラは優れたラテン語学者としてのみならず、近代的な批判精神に富んだキリスト教徒として、ある意味でエラスムスの先駆者でもあったからである。

ヴァラは、修道尼よりも娼婦の方が人間の本来の欲望を抑圧していないから、より望ましい存在だと言ったという有名な一句の故に、文学史などでは、宗教的な権威に反抗して人間性に目覚めたルネッサンス人の精神を代表している作家として扱われているが、しかしこの有名な一句は、実はヴァラがその対話集のなかに登場する通俗的エピクロス派の人物に言わせた言葉で、それに対して早速ストア派の別の人物が反論を加え、さらにキリスト教徒が前のふたりをともに否定するという全体のコンテキストを持っている。したがって、それぞれに意見の違うこれら三人の登場人物の誰がほんとうにヴァラの考えを代表しているのか、簡単に断定しかねるところなのである（たとえばローランド・ベイントンなどは、最後のキリスト教徒の考えがやはりヴァラの真意であったろうと推定している）。

しかしいずれにしても、このような「対話形式」によってさまざまな意見を自由に発表するというやり方こそ、『痴愚神礼讃』や『対話集』においてエラスムスが好んで利用するようになる形式である。そこには、まだ思う通りのことをストレートに表現できないという時代の制約があったにせよ、対話という形式自体がエラスムスの文学趣味を満足させるものを持っていたことは否定し得ない。彼はヴァラの『ラテン語の典雅』を愛読し、ラテン語教育のためそのなかの模範文を抜き出して、字引きのようにアルファベット順に並べたりすることまで自分でやっているが、彼がそれほどまでヴァラに傾倒していたことは、同時にエラスムス自身の資質を物語るものと言ってよいであろう。

『反蛮族論』――学問と信仰の調和

ステインにおけるエラスムスのこの古典文学に対する情熱は、周囲の修道士たちのあいだにも伝染していった。おそらく、それがあまりにも目にたつようになったのであろう。エラスムスは長上より、本を片付け、ペンを棄てて信仰と戒律の生活に専念するようにという命令を受けた。もちろん、修道会にとって、異教の書物に熱中し、詩作にふけるような修道士が望ましい存在でないことは容易に想像できる。したがって、長上たちがエラスムスの古典文学趣味に眉をひそめたことは、当然と言えば当然であるが、しかし、禁止命令を出せばそれで済むと思っていた点で、彼らは少なくとも心理学者ではなかった。エラスムスの古典文学熱は、それによって消されてしまわなかったばかりか、逆にいっそう強く燃え上がることとなったからである。

後にモンテーニュは、少年時代の彼の家庭教師が、テレンティウスを読ませるためにわざとそれを禁止して、少年モンテーニュがひそかに、したがってそれだけ熱心に読むようにしむけたという思い出を語っているが、ステインのアウグスティノ修道会の長上たちは、意図はかならずしもそうではなかったとしても、結果的には、エラスムスに対して、ちょうどこのモンテーニュの家庭教師と同じ役割を果たしたと言ってもよい。いや、エラスムスの場合は、その「効果」はもっとずっと大きかったとさえ言える。彼の最初の重要な著作である『反蛮族論』（一五一八年に公刊）は、そのような状況のなかで書かれたからである。

これは、直接的には古典文学研究の熱烈な擁護論である。場面はハルステレンの静かな田園で、エラスムスは親しい友人たちと一緒にその健康な空気とのどかな自然の風景を楽しみながら、心ゆくまで語り合う。話題は、最近になって「真の学問」が衰退したこと、それがいったいなぜ起こったかということで、やがて最後に、古典の研究に対する熱っぽい讃辞で終るという内容である。

「あなた方は、ヴェルギリウスは地獄にいるのだから、彼の著作など読んではいけないと言う。

だがそれでは、われわれがその著作を読んでいるキリスト教徒たちのうちの多くの人びとは、地獄にいないとでも思っているのか。キリスト以前の異教の人びとが地獄に断罪されているかどうかを論ずるのは、われわれの仕事ではない。しかし、あえて私をして言わしめれば、彼ら異教の人びともやはり救われている。さもなければ、誰も救われる者などいないのだ。もし異教的なものをすべて棄てよと言うのなら、あなた方はアルファベットもラテン語も、あらゆる芸術とあらゆる技芸をも棄てなければならない……」という一節などは、一般人向けの著述というよりも、直接、長上に対するエラスムス自身の気持ちをそのまま表わしているようである。

しかし、もちろん『反蛮族論』は、単に個人的なうらみつらみを述べたものではない。それどころか、そこでは、学問研究は真の信仰にとってどのような役に立つのかという当時の修道会内部の、そしてさらには、ルネッサンスの精神全体にかかわる最も基本的な問題が正面から取り上げられている。エラスムスのその後のあの実り豊かな生涯が、真の学問と真の信仰とを調和させようとする一事にあったことを考えれば、この『反蛮族論』のなかに、後年のエラスムスのすべての萌芽がすでに含まれていると言ってもよいほどである。

事実、真の信仰と正しい知識とは、神の「啓示」によるものであるから、苦労して本を読んだりしても何にもならないとする考えは、当時の修道会においてはきわめて普通のことであった。ことに、すでに触れたように、神秘主義的傾向の強かったアルプスの北の国々においては、理屈を越えた神との直接の結びつきに対する希求の念はひとしお強かった。聖女ビルギッタの『啓示』のような書物が広く好まれたのも、そのような精神状況を反映している。そして「啓示」は学問や研究ではなくて、ダマスクスへ向かう途上で聖パウロが受けたような瞬間の光明なのである。

しかしエラスムスは、彼自身そう認めるように、決して神秘主義的性向の持ち主ではなかった。彼の鋭い、冷たい理性は、どんな時でも眠らされることはなかった。『反蛮族論』のなかで、彼はきわめて冷たく、「もしそのような瞬間の光明を待たなければならないというのなら、人は一生無駄に待ち続けることになるだろう」と言い切っている。

のみならず、彼はさらに進んで、殉教者と学者とではいったいどちらが真の信仰にいっそう貢献するかと問いかけて、学者こそそうだと考えている。殉教者は教えに殉ずることによって、せいぜい自分が誠実だということを証明してみせるに過ぎない。人は、誤った教えに殉ずることもできるのである。その教えが正しいということを証明するには、厳しい理性的な検討が必要である。したがって、これまでにも、殉教者よりも学者の方がいっそうキリスト教にとって価値があったというのが、エラスムスの見解である。ここには、後に宗教改革運動の混乱のなかで、双方の陣営から激しく狂信的な攻撃を浴びせられながら、あくまでも理性的な立場を貫き通したエラスムスの姿が、すでにはっきりと現われている。

しかも、それと同時にさらに重要なことは、エラスムスの言う「真理」が、決して「ドグマ」ではないことである。「自信を持って断定するよりも謙虚に論議すること」を選んだ古代の懐疑派に対して、強い共感の意を示すエラスムスは、「真理」そのものもそう容易に捉えられるものでないことをよく知っていた。「真理」は、決してひとつの既成の公式としてのみ現われてくるのではない。ある時代は真理の持つひとつの面を明らかにするが、次の時代はまた別の面を明らかにしてくれる。一見するとこの両者はお互いに矛盾するようにも思われる時があるが、しかし「真理」とは、時にそのような矛盾したかたちでしか姿を見せないものである。彼が後にしばしば「対話」の形式を好んだのも、さまざまな立場から見た「真理」のさまざまな面を明らかにする、いわば「複眼的な思考」を表現するのにきわめて適した形式だったからにほかならない。

修辞学の訓練

だがそれでは、狂信とドグマの支配するような時代において、エラスムスはその最も早い著作からすでに明らかに見てとれるこのような「複眼的な思考」をする眼を、いったいどのようにして身につけたのだろうか。

もちろんエラスムス自身、生まれつきそのような理性的資質の持ち主であったということはたしかであろう。しかし、資質そのものは天与のものであったとしても、それをあれほどまで見事に開花させるには何かの養分が必要だったはずである。その養分として――少なくともそのひとつとして――若い頃に彼が没頭した古典古代の文学や学問があったことは疑いのないところである。なかでも、古代ローマから知識人の必須の教養として重んじられていた修辞学の訓練は、彼に相対的なものの見方の重要性を教えたに相違ない。

修辞学というのは、もともとはローマにおいて法廷における弁論の術として、すなわち実用的な手段として発達した。したがって、それは単に美辞麗句を連ねるというのではなく、「説得」と「反論」とを何よりも重視した。法廷においては、弁士はいつどちらの側に立たされないともかぎらない。そのためには、ひとつの問題について、ある立場から十分相手を納得させるだけの論理を展開することができると同時に、それとまったく反対の立場からでも、同じように説得力のある議論を述べることができなければならない。修辞学はそのための訓練として、ひとつの問題に対して、相対立するまったく逆の立場からそれぞれ論理を組立てるということを要求した。

現在でも、たとえばパリのエコール・ノルマル・シュペリュール（高等師範学校）ではこの修辞学の伝統が生きていて、明らかに誤りである命題を、いかにもっともらしく論証するかという訓練が学生たちのあいだで行なわれているという。それは、ある意味では知的遊戯とも言うべきものであって、もちろん、それのみに固執すれば「真理」を見失う危険がある。しかし、そのような複眼的な論理によって追いつめて行かなければ、明確にその姿を現わさない真理というものもあるのである。

いや、そもそもそれこそ、あらゆる哲学者の父であったソクラテスの用いた方法ではなかったか。思想が論理や文体と切り離すことのできないものである以上、修辞学は単に論理を鍛え、相手を説得するだけの技術ではなく、同時に「真理」に達する道でもあるはずである。後にソクラテスを聖者と崇めて、異端の疑いを招くようになったほど古代の思想に傾倒していたエラスムスが、そのことに気づかなかったはずがない。その後の彼の著作が、対話形式のもののときはもちろんのこと、そうでない場合においても、つねに「説得」と「反論」の論理構造を持っているのはそのためである。エラスムスがあのような思想の混乱の時代にあって、あらゆる立場の人びとから強い知的信頼を受けるようになったのも、彼の思想の本質がそのような複眼的なものの見方に支えられていたからにほかならない。そしてそれこそ、彼が古代の文学と学問から学び取ったものなのである。

『現世を蔑む』――エラスムスの思想構造

エラスムスのそのような思想の構造をよく示す好例のひとつは、『反蛮族論』と相前後して執筆された『現世を蔑《さげす》む』と題する一文である。これは修道生活の徳と重要性を説いたもので、あらゆる俗世の絆を断ち切って信仰の生活にすべてを捧げることに対する、熱烈な讃美の文とも言うべきものである。

もともとステインでのエラスムスの修道生活は、すでに述べたように、古代の文学に傾倒していた彼にとっては決して快適なものではなかった。彼は、当時の書簡においても後年の回想においても、この時代のことをしばしば暗い口調で語っている。それにもかかわらず、彼がこのような修道生活擁護論を書いたのは、普通には、彼自身の決意を示すものと言われている。事実この

『現世を蔑む』が書かれたのは、さまざまな迷いの後にようやくエラスムスが修道士としての誓いを立てることに心を決めた、一四八八年頃のことだからである。

しかし、この『現世を蔑む』は、それが書かれてから三十年以上もたった一五二一年にはじめて公刊された時には、最後に短いエピローグがついていて、そこではそれまでの論旨とはまったく逆に、修道生活の危険が説かれていて、これから誓いを立てようとする著者に対する警告が述べられている。そのため、一般には、このエピローグの部分だけが刊行直前に書き加えられたものので、その論旨の相違は、三十年間のあいだのエラスムスの思想の変化を示すものと考えられてきた。しかしベイントンは、これこそ修辞学における「説得」と「反論」の典型的な例であって、エピローグの部分さえも、やはり最初から書かれていたかもしれないという説を提出している。実際にこの「反論」の部分がいつ書かれたかは別問題として、エラスムスの思想構造がそのような可能性を十分に考えさせるほど柔軟なものであったことは、たしかだと言ってよいであろう。

エラスムスと「パンドラの箱」

最後に、エラスムスと古代とを結びつけるひとつの興味深いエピソードを紹介しておこう。

二十世紀初頭の『古代芸術と祭式』の名著で知られるジェイン・ハリソン女史が、ギリシア神話の有名な物語としてわれわれにも親しいあの「パンドラの箱」が、実はギリシアの原典にはどこにも登場していないという論文を発表して、人びとの注目を集めたことがあった。もちろんパンドラの物語そのものは、ヘシオドスをはじめとしていくつかの典拠があるが、そのなかに、あらゆる悪がつめこまれていたと言われるあの神秘的な「箱」のことは、どこにも語られていないというのである。

古代のパンドラの物語に出てくるのは、甕のかたちをした広口の大きな土器であって、とても「箱」のように、女手ひとつで持ち運びできるものではない。ところが、少なくとも十六世紀以降、この「パンドラの箱」が人びとのあいだで広く語られ、今日にいたるまで親しまれていることもまた事実である。たとえば現在パリの国立美術学校には、フランソワ一世に招かれてイタリアからやって来たロッソ・フィオレンティーノの手になる「パンドラの箱」のデッサンがあるが、それには、きちんと「箱」が描かれている。

ハリソン女史は、古代の大甕がいつの間にか小さな「箱」になってしまったのは、一五四八年に刊行されたレリオ・グレゴリオ・ジラルディの『異神類論』が、「大甕」を誤って「箱」としてしまったからだとしているが、先に述べたロッソのデッサンはそれ以前に描かれているので、ジラルディはその直接の責任者ではない。実を言えば、この「箱」の創作者はエラスムスその人だったのである。

このことは、アーウィン・パノフスキーの『パンドラの箱』（一九五六年）と題する本に詳しく述べられているので、今ここで深くは触れないが、それによれば、一五〇八年にヴェネツィアで刊行されたエラスムスの『格言集』増補版に、はじめて「箱」が登場してくるという。この『格言集』がエラスムスの著作のなかでも最も広く人気を呼んだ、いわば当時の国際的ベストセラーのひとつであったことを考えれば、古代にはなかった「パンドラの箱」が、たちまちヨーロッパ中に広まってしまったことも十分に頷けることであろう。

この「パンドラの箱」のエピソードは、ちょうどそれより少し前に、フィレンツェのネオプラトニズムの思想の中心人物であったマルシリオ・フィチーノが作り出した「プラトニック・ラヴ」という言葉とともに、現代にまで生き続けている古代の遺産が、いかにしばしばルネッサンスによって屈折させられたものであるかを物語る好例と言ってよいであろう。

第5章
ふたつの友情

イタリアへの憧れと挫折

古典古代の文学者、思想家に対する傾倒やヴァラに対する熱中は、当然青年エラスムスのなかに、古代文化の遺産を直接に受け継いだ南の国イタリアへの憧れを燃え立たせた。多くの古代の写本や偉大な思い出に満ちた「世界の栄光、美しきイタリア」は、エラスムスのみならず当時のアルプスの北の国々の学問好きの青年たちにとっては、文字通り夢の国であった。ステインの修道生活にいい加減嫌悪を感じていたエラスムスが、偉大なキケロやセネカを生み出した国に憧れたのも無理はない。

一四九三年、エラスムスのこの夢は、意外に早く実現されそうに見えた。この年、彼はカンブレーの司教ベルゲンのヘンドリックの秘書として働くようになり、この司教が枢機卿の位を受けるためにローマに行くというので、秘書役のエラスムスも同行することになったからである。

教皇庁との手紙のやり取りなどを取りしきる秘書の仕事は、文才に恵まれたエラスムスにとっては、索漠たる修道生活に比べて決して嫌なことではなかったであろう。すでにラテン語に精通し、教会の教えにも通じていたエラスムスにとっては、むしろうってつけの仕事であったと言えるかもしれない。まして、そのためにローマに行くことができるということになれば、願ってもないことであった。幸いにしてカンブレーの司教は、自分の秘書が聖職者の私生児であることなど特に気にもかけなかった。彼自身が、ベルゲンの領主の三十六人の私生児のひとりだったからである。

エラスムスはこのイタリア旅行のことを、出発の間際まで友人たちには打ち明けなかった。いよいよ間近になってそのことを教えられた同じ修道士仲間でやはり文学好きだった親友ウィレム・ヘルマンスは、いささかの羨望の思いをこめて、エラスムスに次のような詩を送ったという。

私はとどまり、君は行く
ラインの流れ、アルプスの雪を越えて
行くのは君、とどまるのは私
そして君はあの美しいイタリアを見るのだ

この四行詩は、当時エラスムスの周辺の若い文学修道士たちのあいだで、イタリアへの憧れがいかに強いものであったかを、われわれに想像させてくれる。

ところが、それほどまで望んでいたイタリア旅行は、雇主のベルゲンのヘンドリックが枢機卿に任命されないことになったため、とり止めになってしまった。最初予定されていた枢機卿任命がうまくいかなかったのは、ヘンドリックの教皇庁に対する賄賂が十分でなかったからだと言われているが、確かなところはわからない。

いずれにしても、エラスムスの失望は、主人のそれに劣らず大きかった。ローマへ行けないということになると、司教の秘書という仕事も、それほど魅力的なものとは思われなくなった。彼は、司教についてベルゲン、ブリュッセル、メシュルンと忙しく住居を変えながら、今では、かつて彼を羨んだ友人のヘルマンスが、ステインの僧房のなかで静かに詩作にふけることができるのを逆に羨しく思うようにさえなったのである。

ソルボンヌ大学へ

幸い、カンブレーの司教は、自分の秘書が好きな勉強に熱中することに、それほど文句を言わなかった。そしてエラスムスが、ベルゲンで新しく得た友人ヤーコブ・バトスのすすめで、バトスを介してパリで勉強したいと申し出ると、神学の研究に従事することを条件に援助を約束してくれた。このようにして、一四九五年、エラスムスは当時のスコラ哲学の総本山であるパリのソルボンヌ大学に学ぶこととなったのである。

しかしソルボンヌでの修業も、エラスムスにとっては快適なものではなかった。それどころか、パリ大学神学部付属のモンテーギュ学寮の不潔な環境と苛酷な生活、煩雑な神学論議は、肉体的にも精神的にも、エラスムスにとっては堪え難いものであった。後に彼は、その『対話集』のなかの「初対面の挨拶」と題する一篇において、この名高いモンテーギュ学寮を痛烈に諷刺する次のような対話を残している。

「君はどこから来たのかい」
「モンテーギュ学寮から」
「それでは君は、学問をいっぱい持ってここへやって来たわけだね」
「いやとんでもない。虱《しらみ》をいっぱいさ」

当時のエラスムスは、まだほんとうに神学研究に生涯を捧げる決心はついていなかった。むしろ、ステイン時代の文学青年が、まだ彼のなかに強く生き続けていた。それだけになおのこと、ソルボンヌでの末梢的な神学論議は、嫌悪の対象でしかなかったのであろう。その上、厳しい生活が祟って、もともとそれほど丈夫ではないエラスムスは、すっかり健康を損ねてしまった。

彼は一四九五年にパリに出て、翌年いったんオランダに帰り、秋から再びパリで学業を続けるが、一四九七年、身体を害して故国でしばらく静養を余儀なくさせられることとなった。そして一四九九年、三度《たび》パリに出るが、この時にはもはや、エラスムスはソルボンヌには少しも魅力を覚えず、あらためてしきりに憧れの国イタリアへの旅を考えるようになっていた。

一時は、本気になってかなり具体的な旅行計画まで立て、友人たちの奔走で資金集めも企てたが、結局この時もうまくいかなかった。当時エラスムスは、ラテン語と修辞学の個人教授をして自活しているという有様であったから、何らかの援助なしに旅行するなどということはとてもできなかったのである。それはまた、自己の生活と精神の独立を守るために宮仕えを避けて個人教授で生活の資を得るという、その後のエラスムスの生き方の始まりでもあった。

イギリスへ

しかし、イタリア旅行はなお数年先まで延ばされることとなったが、その年の夏、彼は個人教授の生徒のひとり、ウィリアム・マウントジョーイに招かれて、イギリスに渡ることができた。一四九九年の夏から翌年の初頭にかけて、わずか六カ月間の滞在であったが、この旅行はエラスムスの生涯にとって決定的と言ってよい影響を及ぼした。それは、人文主義的キリスト者、ないしはキリスト教的ユマニストとしての彼の進むべき道を決定し、何人かの優れた知識人との交友、ことにトマス・モア（一四七八－一五三五）との友情をもたらしてくれた。また、おそらくは一四八三年に両親を失って以来はじめて、エラスムスに落ち着いたあたたかい雰囲気のなかでの楽しい生活を与えてくれたのである。
イギリスに滞在している時のエラスムスの快活で生き生きとした姿は、かつてのステインの修道士やモンテーギュ学寮での寄宿生とは、まったく別人の観がある。現在残っているイギリス滞在中の最初の手紙であるファウスト・アンドレリーニ（一四六二―一五一八）宛の書簡は、あまりにも有名なものであるが、イギリスにおける彼の生活をうかがうためには、やはりここに引用しないわけにはいかない。

われわれもまた、ここイギリスでたしかに進歩を見せた。かつて君の知っていたエラスムスは、今ではもう運動選手と言ってもよいほどで、馬に乗るのもそれほど下手ではなく、宮廷人としてのたしなみもかなり身についてきた。結構慇懃にお辞儀もするし、優雅に微笑もする。しかも、それがすべて無理にそうしようとしなくてもなのだ。もし君が賢明なら、君もきっとここに飛んでくるだろう……。数多い魅力のなかからひとつ例を挙げるなら、ここには、神々しいほどの顔立ちのニンフたちがいる。彼女たちはまことに優しく親切であるので、君もおそらく君のミューズたちより彼女たちの方が好きになるだろう。その上、どれほど褒めても褒め足りないほどの好ましい習慣がある。君はどこへ行っても、あらゆる人びとから接吻で迎えられるのだ。別れを告げる時も、やはり接吻がその挨拶なのだ。そして再び戻って行くと、また同じような挨拶が与えられる。人を訪問すると、歓迎の最初の行為は接吻であり、お客が立ち去る時も同じ行為が繰り返される。どこでも人びとの集まるところでは、ふんだんに接吻がある。実際、どちらを向いてもそれなしではすまされないのだ。そしてその接吻がどんなに甘く、どんなに生き生きしたものであるか、もし一度でも君がそれを味わったら、ファウストよ、君もきっと、ソロンのように十年とは言わず、一生のあいだイギリスに滞在したいと思うようになるだろう……。

ヨーロッパのユマニストたちの交わり

古代ギリシア・ローマという地中海文化の熱烈な心酔者であり、ラテン語やギリシア語はよくできたにしても英語はほとんど話せなかったエラスムスが、これほどまでイギリスに惹かれたのは、奇妙と言えば奇妙である。しかしそのことは、当時ヨーロッパにおいてすでに、国境を越えて人文主義者たちの国際的社会ができ上っていたことを物語っている。イギリスのみならず、フランスにおいても、イタリアにおいても、オランダにおいても、優れたユマニストたちはお互いに共通の関心と共通の知識を持っており、国際語であるラテン語を通じて新しい交わりを持つことができた。

もちろんパリにも、たとえばルフェーヴル・デタープル（一四五〇?－一五三六）のような優れたユマニストたちがいた。しかしエラスムスは、少なくとも最初のパリでの勉強の時は、フランスのユマニストたちと交友を結ぶにはいたらなかった。その代わり、同じようにパリに勉強にやって来ていたイギリスの貴族の優れた子弟たちと親しくなり、彼らを通してイギリス知識社会の最良の部分に触れることができたのである。

外国に旅行している時、その国の人びとよりも、同じようにそこへやって来た他の外国人たちと親しくなるということは、現在でもよく見られることである。エラスムスとイギリスとの関係がちょうどそれであった。そしてイギリスでの彼は、もはや修業中の学生ではなく、若い貴族マウントジョーイに招かれた賓客であり、高位の貴族や王子たちとさえ交わることのできる身であった。

後年、トマス・モアの悲劇をもたらしたヘンリー八世は、当時まだやっと八歳の少年で、エラスムスも招かれていた晩餐会の席上、エラスムスに何か詩を書いてほしいと要望して、エラスムスを悩ませた。そのためエラスムスはイギリスを称える詩を作ったが、しばらくのあいだ詩作に従事していなかったので、たいへん苦労して三日間かかったと後に述懐している。しかしその苦労は、モンテーギュ学寮での苦労と違って、彼にとっては楽しいものであったに違いない。

その上、オックスフォードやケンブリッジの伝統を持つイギリスには、意外に地中海世界の文化の香りが残っていた。ちょうど異民族侵入の時代に、キリスト教がアイルランドのはずれで生きのびたように、イタリアの人文主義も、ドーヴァ海峡を越えたこの国に生き生きとした生命を伝えていた。エラスムスは、宮廷の貴婦人たちとともに、これらイギリスの優れた古典学者、神学者たちと親しく交わり、知識と学問に対する彼の渇望を癒すことができた。ある意味では、彼は、アルプスの南に望んでいたものを、ここイギリスにおいて見出したのである。

ジョン・コレットとの邂逅

エラスムスがイギリスで得た友情のうち、特に重要なのは、ジョン・コレット（一四六七－一五一九）、およびトマス・モアとのそれであった。

ジョン・コレットはイギリスの神学者たちのあいだでもずば抜けた俊才で、後にセント・ポール大聖堂の司祭長にまでなった人だが、当時はオックスフォード大学で講壇に立っていた。エラスムスは、コレットに会うための推薦を得ていたのだが、すでに書かれていたものを通してエラスムスの学識を高く評価していたコレットは、推薦など無用だと言ったと伝えられる。その年の秋からオックスフォードに滞在したエラスムスは、コレットをはじめ、その仲間の学者、知識人たちにあたたかく迎えられて、快適な日々を過ごすことができた。彼がコレットと交わした多くの知的刺激に満ちた会話は、しばしばエラスムス自身の手によって生き生きと伝えられている。

コレットとの会話のうちで、イエスが十字架にかけられる直前、ゲッセマネの園で父なる神に向かって「わが父よ、もし得べくば此の酒杯を我より過ぎ去らせ給へ」と祈ったという福音書の記述についての議論は、二人の考え方の差異を端的に示すものとして注目に値する。コレットは、聖書の解釈において、しばしば独創的な卓越した議論を展開するので有名であったが、この一節についても、彼はそれを、普通に考えられているようにキリストの苦悩の表現と見ることを強く否定した。なぜならば、イエスは、最初から十字架の上の犠牲となる目的のために地上につかわされた存在だからである。コレットにとっては、ヨハネ伝の福音書に出てくる「今わが心さわぐ、われ何を言ふべきか。父よ、この時より我を救ひ給へ（と言ふべきか）。されど我この為にこの時に到れり」と語るイエスこそが、真の神の子としてのイエスにふさわしいものであった。だがそれでは、他の福音書に語られている「此の酒杯を我より過ぎ去らせ給へ」というイエスの祈りは、どのように解釈すべきなのか。コレットによれば、その「酒杯」とは、イエス自身の肉体上の苦悩ではなく、ユダヤ人の罪を実際に目のあたりにすることによってキリストの覚える苦悩を意味するのだという。

しかしエラスムスには、このコレットの解釈はあまりにもこじつけに過ぎるように思われた。彼は、福音書のあいだで解釈の統一がとれていないにしても、あのゲッセマネでの祈りは、やはり「人の子」としてのイエスの、間近に迫った死に対する恐怖を表わすものと解釈するのである。すなわちここでは、エラスムスは、イエスをあくまでも一個の「人間」として見ている。コレットが、聖書の解釈に統一を与えようとする神学者であったとすれば、エラスムスは、なお人間心理の洞察者であった。そしてこのような彼の人間中心的態度は、その後もずっとエラスムスのなかに生き続けることとなるのである。

エラスムスがキリスト教神学の研究に生涯を捧げるようになるについては、このコレットとの交友が大きな役割を果たしたと思われるが、しかし、この最初のイギリス滞在の当時は、エラスムスは「神学者」であるよりも、いっそう「文学者」であった。彼は、ヘンリー王子に献じる詩を作るのに随分苦心をしたが、しかし当時は、まだ自分を学者であるよりは詩人であると思っていた。オックスフォードのおそらくはモードレン学寮で行なわれた、コレットを主賓とする晩餐会に出席したエラスムスは、やはりその会に招かれていながら出席することのできなかった友人の詩人ヨハンネス・シクテヌスに、その集いの模様を生き生きとした筆致で書き送っている。そこで彼は、ひとりひとりの参加者を紹介した後、自分自身について、「この饗宴の席に詩人が欠けていてはいけないので」自分も招かれたとつけ加えている。そして、オックスフォードにおける聖パウロ書簡についてのコレットの講義に強い関心を示しながら、彼自身その優れた学識と知性とによって同じように聖書の解釈を試みたらという薦めに対しては、はっきりとこれを断っている。「自分は、習ったこともないものをどうして教えることができるだろう」というこの時の彼の言葉は、後にしばしば学問上の「傲慢」を非難されることになるエラスムスの本質的な謙虚さを示すものであると同時に、彼がまだ自己の進むべき方向をはっきり定めてはいなかったことをも物語っている。そして、さらに言えば、パリで「虱」に悩まされながらむりやりに習わされた煩瑣な聖書解釈とはまったく違ったコレットの大胆清新な見方に刺激されて、あらためて自ら聖書の解釈に身を捧げようという決意の表明と受け取ることもできるであろう。

トマス・モアとの友情

イギリスにおいて彼の得たもうひとつの貴重な友情は、彼より（おそらくは）八歳ほど年下のトマス・モアとのあいだに培ったそれであった。優れた知性がお互いのあいだに見出すあの独得な親和力によって、二人は急速に親しくなり、その友情はその後も長く続いた。一五〇九年、ローマ滞在の後イギリスに渡り、旅の荷物が着くまでのあいだ、旅行中に想を得た『痴愚神礼讃』を一気に書き上げたのも、ロンドンのモアの家においてであった。

暗い出生の影に加えて、早く両親を失い、生涯結婚もしなかったエラスムスにとって、モアの家は余所《よそ》では得られないあたたかい家庭的な雰囲気を与えてくれた。しかも、多くの豊かな知的刺激にも欠けていなかったモアの家庭は、まるで「プラトンのアカデミア」のように思われたとエラスムスは語っている。

後年、一五一九年、エラスムスはアントヴェルペンの友人フッテンに宛てた手紙のなかで、精彩に富んだ描写でモアの人物を紹介している。それは、モアの体格や顔の血色といった外的特徴の記述からはじまって、その性格、嗜好、学問、家庭での態度、公人としての身の処し方など、微細な点にわたってモアの人柄を髣髴とさせるような見事な人物論である。

それはかなり長文のものなので、とてもここに全部引用することはできないが、たとえばモアの性格について次のような描写が見られる（この手紙は、ホイジンガの『エラスムス』をはじめ、部分的にはいくつかの邦訳文献にその訳があるが、ここでは南山学会編『アカデミア』に発表された、沢田昭夫博士による原典の全訳から引用させて頂く)。

……彼(モア)の人づきあいのマナーは、まれに見るほど丁寧でやさしく、そのため、どんなに落胆している人でも彼に元気づけてもらわぬ人はいないないし、どんなに憂鬱なことがらでも彼がその重苦しさをふきとばさないことがらはありません。子供の時から彼は冗談を好み、まるで冗談のために生まれてきたようにさえ見えます。しかし、それでも彼は決して下品なふざけごとにまで落ちたことはなく、人を刺すような冗談を好んだこともありません。少年のころ彼は小喜劇を書き、それを演じました。機智に富んだことばは、彼自身を茶化すものであってもこよなく愛しました。それほどまでも彼は気のきいた、エスプリのある機智を喜びます。それゆえ彼は若いときに警句をもてあそび、特にルーキアーノスを好んだのです。そして、まるで私を駱駝にしておどらせるかのように『愚神礼讃』を書かせたのも彼なのです。

彼が出くわす人間のできごとで、たとえそれ自体非常にまじめなことがらでも、彼がそこから快楽を引き出さないものは何一つありません。学識者、センスのある人たちと一緒になれば彼らのエスプリを楽しみますし、無学で愚かな人たちと一緒になれば彼らの愚かさを楽しみます。大ばかに会っても彼は気を悪くせず、感嘆すべきほど巧みにあらゆる性格の人々とおりあいます。彼は女たち、ことさらに自分の妻を、ユーモアと冗談で扱います。彼を第二のデモクリトスの再来、あるいはそれよりもよいのは、心をうつろにして市場に散歩に出かけ、売り手、買い手の大さわぎを眺めていたあの哲学者ピタゴラスの再来と名づけることもできましょう。世論にこれほど動かされない人はいませんが、またコモンセンスにこれほど密着している人も他にいません。

彼が特に好む快楽はいろいろの動物の形、性格、本能などを観察することです。猿、狐、いわいたち、いたち、その他ふつうの珍獣とされているもののほかに、彼が自分の家に飼っていない鳥類はほとんどないほどです。何か変わったもの、または目をみはらすものに出くわすと彼は早速それを買い取ったものです。ですから彼の家はそういうもので一杯で、眼をひきつけられるものを見つけないことは決してありません。そして他人がそういうもので喜ぶのを見ては、そのたびに自分もまた新たに快楽を味わいます。年頃の時代に彼は娘たちへの恋心を抑えはしませんでしたが、さりとてやましいことは何もありませんでした。彼は自ら彼女らを追うよりも彼女たちに求められるのを喜び、また肉体的つながりよりも精神的交わりの方に魅力を感じていました……。

ここに描き出されているのは、モアその人の姿であると同時に、エラスムスがモアのなかに見たいわば理想的な人文主義者の人間像である。それはまた、多くの点で、エラスムスその人の姿であると言ってもよいであろう。「世論」に動かされず、「コモンセンス」に密着しながら、しかもつねに人間としての礼節を忘れず、他人への思いやりと洗練された知的な社交を楽しむこのモアの姿を、たとえばこのエラスムスの書簡が書かれる数年前に執筆され、一五二八年に刊行されたあのバルダッサーレ・カスティリオーネ（一四七八－一五二九）の『廷臣論』などのなかの理想の「宮廷人」の姿と並べて見れば、十六世紀初頭において、アルプスの北と南で、すなわちヨーロッパ全体において、ひとつの理想的ユマニスト像というものが出来上がっていたことがわかるであろう。

おそらくエラスムス自身は、そのような理想像に最も近い人物であった。そして、モアのなかに、やはり同じように理想的な友人を持つことのできた彼は、その点できわめて恵まれていたと言わねばならない。

第6章

イタリアへの旅

実現しなかったイタリア旅行

トーマス・モアやジョン・コレットとの友情をもたらしたイギリスへの旅は、エラスムスの生涯にとって決定的と言ってもよい意味を持っていた。それに対して、一五〇六年から〇九年まで、三年間にわたって行なわれたイタリアへの旅は、エラスムスにとってどのような意味を持っていたか、早急に断定し難いものがある。

もちろん、アルプスを越えて人文主義と古代思想の中心地であるイタリアに赴くことは、当時の多くの文学青年にとってそうであったように、エラスムスにとってもひとつの「夢」であった。彼が早くからイタリアへの旅を考え、時にかなり具体的な計画まで立てたことは、すでに述べた通りである。

後年エラスムスは、自分は若い頃、三回にわたってイタリア旅行を企てながら、それを実現することができなかったと告白している。その三回というのは、エラスムス自身の語るところによれば、十七歳の時と、二十歳の時と、二十八歳の時のことであったという。

エラスムスの誕生にまつわる謎がいまだに決定的な解決を見ていないことからも明らかなように、エラスムスの場合、自分で語っている過去の思い出や年代は必ずしも正確でないが、しかし、(彼の年齢そのものは数え方によっていろいろ違ってくる以上) はっきりいくつの時とは言えないとしても、両親をあい次いで失って自ら自己の進むべき道を決めなければならなくなった時から、つまり現在の日本の場合にあてはめて考えてみれば、ほぼ大学に入学したぐらいの年頃から三十歳ぐらいにかけて、エラスムスが何回となくイタリアに憧れていたことは否定すべくもない。

すでに以前に引いたこともあるが、ステインの修道院生活のあいだに彼が友人コルネリウス・ヘラルトに送った手紙には、当時彼が傾倒していた「文学上の師」として、ヴェルギリウスやホラティウスなど、古代の詩人、哲学者たちの名前がずらりと挙げられ、当代の人としては、イタリアの人文主義者ロレンツォ・ヴァラの名前が加えられている。また一四九三年には、カンブレーの司教ベルゲンのヘンドリックの秘書として、実際にイタリアへ旅立つことがほとんど確定的でさえあった。いや彼が、わざわざ司教の秘書という職を喜んで受け入れたのは、ひとつには修道院生活に嫌気がさしていたからでもあるが、何よりもイタリアへの旅に同行できるという期待があったからなのである。

しかし、このカンブレーの司教のイタリア旅行は、すでに述べたような理由で取り止めになった。その後も彼は、オランダ国内や、あるいはパリに移り住みながら、つねにイタリアの空を夢見ていたようである。

イギリス滞在の意味

イギリスでの滞在は、彼のこの青春時代のイタリア熱を、一時満足させてくれたかのように見えた。エラスムスは、友人のトマス・モアに理想的な人文主義者を見たように、コレットを中心とするオックスフォードの知識人たちのあいだに、理想的な人文主義の知的環境を見出すことができた。一四九九年十二月、エラスムスはイギリスから自分の弟子のひとりに宛てて、次のように書き送っている。

ここには、快適で健康的な気候とともに、優れた人間性と優れた学問がある。それは、およそ凡庸卑俗ではなく、深遠精緻で、ラテン、ギリシアの古代そのままであるので、これからはイタリアに行くとしても、ただ旅の喜びを見出すだけであろう……

つまり古典古代の伝統は、ドーヴァ海峡を越えたイギリスの地にはっきりと生き続けており、その源泉に触れるためには、わざわざアルプスを越える必要はないというわけである。

さらに彼は、オックスフォードの俊英ジョン・コレットの講義を聴いて、「プラトンその人を聴く思いがする」とまで言っている。

この場合、エラスムスが、まだあくまでも古代の文学、思想に惹かれる人文主義者であって、キリスト教神学者でなかったことは注目すべきである。コレットの講義はもちろん神学についてのもので、この時は聖パウロの書簡についての注釈であったというが、エラスムスは、そこに異教の哲人の面影を見ていたのである。

このような人文主義者としてのエラスムスがキリスト教神学者としてのエラスムスに変貌する機縁を作ったのが、ほかならぬこのイギリス滞在であり、それなればこそ、英語とはおよそ縁のなかったエラスムスにとって、その最初のイギリス旅行が大きな意味を持ってくるのであるが、キリスト者としての自己の使命をはっきりと自覚してから後も、古代に対する彼の情熱は少しも弱められることはなかった。したがって、一五〇六年、ようやく多年の望みがかなってイタリアの地を踏むことができるようになった時、彼がどれほど大きな期待と希望に満ちていたか、そしてその旅行が実際にどれほど大きな成果をもたらしたことかと、誰しもまず考えるに違いない。

エラスムスが出会ったルネッサンス最盛期

まして、エラスムスが訪れた一五〇六年から〇九年という時期は、いわゆるルネッサンスの最盛期である。イタリアにおける彼の足跡は、トリノを振り出しに、フィレンツェ、ボローニャ、ヴェネツィア、ローマと、当時の文芸の中心地に及んでいる。彼がフィレンツェに滞在していた一五〇六年は、偶然にも、レオナルド・ダ・ヴィンチ、ミケランジェロ・ブオナローティ、ラファエルロ・サンティというルネッサンス芸術の三巨匠がそこで活躍している時期であった。ちょうどそれは、ミケランジェロの手になるあの有名なダビデ像が、レオナルドをも含めた委員会の決定によってフィレンツェ政庁舎前の広場に建てられた直後であり、またレオナルドが、おそらくはその「モナ・リザ」を完成した直後であった(なおついでに言えば、ミケランジェロのダビデ像は、その後、国立アカデミア美術館に移され、現在、政庁舎前の広場には模刻が立てられている)。

エラスムスが到着する一年前の一五〇五年には、フィレンツェ政庁舎前内部の広間の装飾のために、レオナルドとミケランジェロが選ばれてフィレンツェ中の評判を呼んだあの「競作」が行なわれていた(もっとも、これはいずれも途中で放棄されてしまった)。そして若いラファエルロは、やはりフィレンツェにあって「大公の聖母」(一五〇五-〇六年)や「ひわの聖母」(一五〇五-〇六?年)のような傑作を描いていた。エラスムスの訪れた年というのは、いささか大袈裟に言えば、三人の巨匠が顔合わせをしたルネッサンス期の稀有の瞬間であった。現在でさえ、たいていのところは歩いて行けるほど狭いフィレンツェの町のことである。オーギュスタン・ルノーデが指摘するように、アルノー河のほとりを歩きながら、エラスムスはもしかしたらレオナルドやミケランジェロと行き会っていたのかもしれないのである。

その後、ヴェネツィアにしばらく滞在した後、一五〇九年初頭、彼はローマに着いている。そして、これもまったくの偶然のことながら、上に述べた三人の巨匠は、この時、申し合わせたようにローマにいた。ラファエルロのヴァティカン宮殿壁画装飾や、ミケランジェロのシスティナ礼拝堂装飾のプログラムがまさに進行中の時だったのである。

このようにして、エラスムスは、少なくともイタリアのふたつの美術の中心地において、歴史上他に例を見ないほどの華やかな活動の時期に遭遇したと言ってよい。しかし、現在から見ればまことに好運とも言えるそのような歴史的出会いについて、あれほど手紙を書くことが好きだったエラスムスがただの一言も触れていない。ミケランジェロの名前もレオナルドの名前も、彼のペンによって書き記されたことはない。

三年間のイタリア滞在中、彼が多少とも芸術のことに触れたのは、ルネッサンス期建築装飾の精華であるパヴィアのチェルトーサ修道院を訪れた時、「世を捨てた何人かの修道者たちが大理石の聖堂のなかで聖歌を歌うためにこれほど多大な浪費をすることに、いったい何の意味があるのだろうか」というはなはだ手厳しい感想を述べたのが、ほとんど唯一の例である。偉大な芸術家たちと偉大な人文主義者とのこの稀有の出会いは、少なくとも現在残された資料から判断する限り、完全なすれ違いに終わったように見えるのである。

それは、レオナルドやミケランジェロとの関係だけではない。エラスムスがフィレンツェを訪れた時、その政庁舎の書記局には、エラスムスと同年のニッコロ・マキャヴェッリがいた。しかしこのマキャヴェッリとも、エラスムスは何の交渉も持たなかったのである。

遅過ぎたイタリア旅行

だがそれでは、エラスムスは、いったい何のためにイタリアに赴いたのだろうか。

もちろん、十六世紀初頭において、古代に憧れる人文主義者がイタリアに旅行するというのは、今日われわれが観光旅行に行くのとはわけが違う。われわれは、エラスムスがミケランジェロの彫像やラファエルロの壁画に関心を示さなかったからといって、彼を非難するわけにはいかない。それに、実際に彼がそれほどまで芸術に無関心であったかどうか、かならずしも断定できない。後年のエラスムスは、デューラーやマサイスの作品に強い興味を示しているし、版画の技法やメダルの作り方など、かなり専門的なことにも言及しているからである。オーギュスタン・ルノーデは、エラスムスがイタリアで芸術のことにほとんど触れていないのは、関心がなかったからというよりも、当時の人文主義者のあいだでは芸術のことは話題にならなかったからだと述べているが、あるいはその通りであったかもしれない。

事実、われわれに残されている資料は、いずれもエラスムスが友人や先輩に送った手紙ばかりである。つまり、すべて相手のある文書である。心を許した友なら何でも話ができるとは言うものの、自分ひとりの心覚えや感想でなくて相手のある手紙なら、少なくともそこで語られる話題は、ふたりの共通の関心の範囲内にあるものでなければならない。十五世紀末から十六世紀初頭にかけて、イタリアはもちろんのこと、ヨーロッパ全体の美術に大きな影響を与えたフィレンツェの「アカデミア」の人文主義者たちのあいだにおいてさえ、直接芸術が話題になったことはほとんどなかったことを考えれば、エラスムスが、当時においてはいわば職人仕事であった絵画や彫刻を話題に取り上げなかったのは、むしろ当然であったかもしれない。

実は、美術の方から言えば、エラスムスがイタリアを訪れたちょうどその前後の時期が、芸術がまさしく「人文主義化」される時代であった。中世においては、はっきりと靴屋や大工と同じように職人であった画家や彫刻家が、「知識人」になっていくのがルネッサンス時代であったと言ってもよい。「芸術とは精神的なことだ」と喝破したレオナルドが、まさにそのような転換点に立つ巨人であった。もしそうであるとするなら、年齢的にはレオナルドの方が十年以上年長であるが、芸術観に関するかぎり、レオナルドは十六世紀の人であり、エラスムスは十五世紀の人であったということになる。

いずれにしても、豊麗多彩な芸術活動は、エラスムスの第一の目的ではなかった。エラスムスにとっては、当然イタリアの人文主義者たちと直接接することが大きな目的であったに違いない。だが、それならエラスムス自身が認めているように、一五〇六年という時期は「あまりにも遅過ぎた」のである。

ヤコブ・ブルクハルト（一八一八－九七）はその名著『イタリア・ルネッサンスの文化』（一八六〇年）の最後の部分において、中世と近代とのいわば接点に立つフィレンツェの人文主義者たちの歴史的重要性を強く説いているが、マルシリオ・フィチーノ、ジョヴァンニ・ピコ・デルラ・ミランドラ（一四六三‐九四）などの哲学者たち、あるいはアンジェロ・ポリツィアーノ（一四五四‐九四）やクリストフォロ・ランディーノなどの詩人や人文主義者たちは、ルネッサンス期特有のネオプラトニズムの思想を形成する上で大きな役割を果たした。そして、ブルクハルトも適確に指摘しているように、これらフィレンツェのネオプラトニストたちの思想は、アルプスを越えて北の国々にまで拡まっていた。エラスムスが交わったイギリスの知識人たちは、このフィレンツェのネオプラトニズムの影響を大きく受けていた。ジョン・コレットは直接フィチーノと手紙を交換していたし、トマス・モアはピコの生涯や手紙を翻訳していた。したがってエラスムスは、イタリアに赴く前に、すでにイギリスにおいて、友人たちを通じてネオプラトニズムの洗礼を受けていた。エラスムスはその『格言集』の初版を、最初に彼をイギリスに招いてくれたマウントジョーイに捧げたが、その献辞のなかに、ピコ・デルラ・ミランドラに対する讃辞がつらねてある。したがってエラスムスとしては、もしイタリアに行くのなら、これら尊敬すべき人文主義者たちと交渉を持ちたかったであろう。しかし、フィチーノもピコもポリツィアーノも、一五〇六年にはすでにみな世を去っていた。たしかに、その意味では、エラスムスのイタリア旅行は「遅過ぎた」のである。

もちろんエラスムスは、わざと一五〇六年までイタリア旅行をのばしていたわけではない。一五〇五年、旅行に先立って彼は再びイギリスに赴いており、その時も「ロンドンには、（ラテン語とギリシア語の）ふたつの言語に完全に精通した何人かの優れた人びとがおり、その点では今日イタリアでもこれほどの人びとはいない」と書き記している。この言葉を額面通りに受け取れば、したがってイタリアにまでわざわざ旅行をする必要はないということになるが、しかしそれにもかかわらず、イタリアに対する彼の期待はやはり根強く残っていた。二十歳になる前から憧れていたイタリアの地に、ほとんど四十歳近くになるまで彼が訪れることができなかったのは、何よりも経済的な理由によるものであった。

エラスムスの真の目的

しかし、最初のイギリス旅行からイタリア旅行までの六年ほどのあいだ、エラスムスはただ金策だけに没頭していたわけではない。この期間に、その後の彼の生涯にとっても重要な意味を持つ三つの事実が記録されている。第一はギリシア語への傾倒であり、第二はロレンツォ・ヴァラの『新約聖書注解』の原稿の発見およびその刊行であり、第三は『キリスト教兵士提要』の執筆である。

事実、ラテン語についてはもうすっかり完全に習熟していたエラスムスは、イギリス滞在後、ギリシア語に関心を寄せるようになる。それは、ラテン語への関心が何よりも文学的なものであったのと違って、まず宗教的なものであった。おそらくそれは、オックスフォードにおけるジョン・コレットとの交友の影響によるものであろうが、聖書をいっそう深く理解するため、ラテン語訳の聖書をギリシア語のそれと比較研究してみたいというのがその大きな動機であった。もちろん、なお古代文学に深い興味を寄せていたエラスムスは、自分の語学の勉強もかねて、エウリピデスの悲劇やルキアノスの翻訳なども試みているが、しかし、すでにそこには、神学者としての関心が大きくクローズアップされている。そしてそのような原典の研究は、言語学者でありキリスト者でもある後のエラスムスの出発点をなすものであった。彼がどうしてもイタリアに行きたがった理由のひとつは、直接ギリシア人からギリシア語を学ぶためであったことは、彼自身しばしば言明している通りである。

神学的なものへの彼のそのような傾斜にいっそうの拍車をかけたのは、一五〇四年、ルーヴァン郊外のパルクの僧院で、ロレンツォ・ヴァラの『新約聖書注解』の草稿を発見したことであった。すでに述べたように、ヴァラは、優れたラテン語の師として、エラスムスがひそかに畏敬していた人文主義者である。彼のその草稿が、なぜルーヴァン郊外の僧院に保存されていたか、詳しい事情は謎であるが、その草稿がほかならぬ『聖書』に関するものであったことは、エラスムスにとってはほとんど運命的なものと思われたに違いない。『ラテン語の典雅』（一四四九年）の著者が、今度は神学者としてエラスムスの前に登場してきたのである。

もっともヴァラのこの『新約聖書注解』は、神学的なものというよりも、むしろ言語学的なものであるという。しかしそれだけに、当時のエラスムスにとってはいっそう近づきやすいものであったに相違ない。翌一五〇五年、彼はこの『注解』をさっそく刊行している。

この「発見」に先立って、一五〇四年、彼は『キリスト教兵士提要』を刊行した。この本の題名の『エンキリディオン』というのは、小さな「教本」という意味と「短剣」という意味とがあり、エラスムス自身、その「短剣」の意味を強調している。つまり題名の真の意味は、『キリスト教の戦士の短剣』ということである。それはこの本が、ニュールンベルク出身のドイツ人の武器職人ヨハン・ポッペンロイターがあまりに放縦無頼な生活を送っているので、それをたしなめるため、彼の妻の願いによって書き下されたという事情に由来している。もっとも、この企てはかならずしも成功しなかった。エラスムスを尊敬していたポッペンロイターは、この本のお返しとして本物の短剣をエラスムスに贈ったが、その短剣がエラスムスにとってあまり役に立たなかったように、エラスムスの『短剣』も武器職人にはあまり効果がなかったからである。

しかしわれわれとしては、この小冊子のなかに、すでに、おそらくはイギリスでの滞在を通して影響を受けた、ネオプラトニズムの思想がはっきりうかがわれることを確認すればよい。とすれば、ギリシア語への情熱やヴァラの『注解』と同じように、ここにもエラスムスをイタリアに招き寄せるファクターがはっきり見られると言ってよい。

第7章
ヴェネツィアの印刷業者

神学者エラスムスへの旅路

イタリアにおけるエラスムスの足跡は、比較的詳しくわれわれに知られている。それというのも、J・K・サワーズが「エラスムスの失われた二年間」と呼んだ一五〇九年から一五一一年にかけての時期を除いて、エラスムスの行動はステインの修道院長や友人たちに送られた彼の多くの手紙によって、これを跡づけることができるからである。

エラスムスがこの長いこと憧れていたイタリア旅行を実現することができるようになったのは、ひとつの偶然な好運によるものであった。イギリス国王ヘンリー八世の侍医であったジョヴァンニ・バティスタ・ボエリオが、ふたりの息子をボローニャの大学で学ばせることになり、同行してその勉強を監督する教師を求めていたからである。エラスムスは喜んでこの地位を受け入れ、一五〇六年六月、ふたりの若者と一緒にイタリアに向けて旅立った。

一行は、エラスムスの著作（翻訳）刊行の面倒を見るため二カ月ほどパリにとどまった後、オルレアン、リヨンを経てアルプスに向かった。馬の背に揺られながらアルプスの山道を旅していったエラスムスに、二十年以上も夢見てきたイタリア旅行がまさに今、現実のものとなったというある種の感慨があったことは容易に想像される。彼はアルプスを越えながら、かつてペトラルカがそうしたように、千年の雪をいただく峨々たる山頂や深い緑の谷の美しさを賛美することはせず、その代わりに、自己の感慨を託した一編の詩を作った。

ついこの間までエラスムスは
開きそめた花のようであった
だが今でははや老齢の兆しが
不吉な時を予告する……

というその詩は、希望に満ち溢れているはずの旅の歌とは思えない、暗い陰鬱な調子を持っている。南の国への旅に無邪気に心をはずませるには、エラスムスはすでにあまりに年老いていた。イタリアの土地を踏む前から、彼はすでにこの旅が「あまりに遅過ぎた」ものであることを予感していたようである。

1月の新刊 ●13日発売 ちくま文庫

暮しの流儀 完全版

高峰秀子／松山善三／斎藤明美

大女優が教えてくれる「引き算」の幸せ

飾らない、偏らない、背伸びしない。女優引退後、小さなほっとする暮しを選んだ高峰秀子。愛蔵品のカラー写真とともに「引き算」の幸せをご紹介。

43925-3
968円

夫婦の流儀 完全版

高峰秀子／松山善三／斎藤明美

一緒に長く暮すためのルール

大女優・高峰秀子が夫と一緒に暮すために大切にしていたルールとは？　強いない、奪わない、口出ししない――。いつも素敵だった二人の作法を語る。

43926-0
968円

安吾さんの太平洋戦争

半藤一利

坂口安吾は戦時下に何を考え、何を発言してきたのか。開戦時の『ぐうたら戦記』から戦後の『堕落論』に至るまでの姿を昭和史の大家が活写する。

43930-7
990円

大穴

団鬼六

カネと度胸でのし上がったれ！　疾風怒濤の昭和30年代・大阪。不敵な学生相場師が商いの街に嵐を呼ぶ――ド級の痛快投資エンタメ小説。（末國善己）

43933-8
990円

石狩少女

森田たま

偏見、決められた結婚、家族、文学への情熱、美しい北海道の自然……明治末の女学生・野村悠紀子の青春と苦悩を描く少女小説の傑作。（堀越英美）

43931-4
880円

6桁の数字はISBNコードです。頭に978-4-480をつけてご利用下さい。
内容紹介の末尾のカッコ内は解説者です。

1月の新刊 ●13日発売 ちくま学芸文庫

モンテーニュからモンテーニュへ
■レヴィ＝ストロース未発表講演録
クロード・レヴィ＝ストロース 真島一郎 監訳 昼間賢 訳

「革命的な学としての民族誌学」と「モンテーニュへの回帰」。発見された二つの講演録から浮かび上がる思考の力線とは。監訳者の長編論考も収録。

51102-7
1430円

江戸の戯作絵本 1
小池正胤／宇田敏彦／中山右尚／棚橋正博 編

驚異的な発想力・表現力で描かれた江戸時代の漫画「黄表紙」。そのうちの傑作五〇篇を全三冊で刊行。読めば江戸の町に彷徨い込んだような錯覚に！

51224-6
1870円

絵画空間の哲学
佐藤康邦 ■思想史の中の遠近法

ルネッサンスが生みだした遠近法。東洋や日本の表現とも比較しつつ、絵画技法という枠を超え、その真の世界観的意義を掬いだす。（小田部胤久）

51218-5
1540円

増補 決闘裁判
山内進 ■ヨーロッパ法精神の原風景

名誉のために生命を賭して闘う。中世西洋の決闘裁判とはどのようなものであったか。現代に通じる当事者主義の法精神をそこに見る。（松園潤一朗）

51221-5
1540円

日本の裸体芸術
宮下規久朗 ■刺青からヌードへ

日本人が描いた、日本人の身体とは？　さまざまなテーマを自在に横断しつつ、裸体への視線と表現の近代化をたどる画期的な美術史。（木下直之）

51228-4
1430円

Math & Science

神経回路網の数理
甘利俊一 ■脳の情報処理様式

複雑な神経細胞の集合・脳の機能に数理モデルで迫り、ニューロコンピュータの基礎理論を確立した記念碑的名著。AIの核心技術、ここに始まる。

51229-1
1760円

6桁の数字はISBNコードです。頭に978-4-480をつけてご利用下さい。
内容紹介の末尾のカッコ内は解説者です。

もっとも、当時エラスムスは、実際はまだ四十歳にもなっていなかった。ヨハン・ホイジンガ（一八七二―一九四五）の指摘するように、彼が「早く老いを感ずる人のひとり」であったことは確かであるとしても、現在の感覚から言えば、とてもまだ「老齢」などというものではない。しかし十六世紀においては、一般の人びとにとっても、それはすでに晩年であった。『キリスト教兵士提要』の執筆に際して、エラスムスが大きな影響を受けたイタリアの人文主義者ピコ・デルラ・ミランドラは、三十歳を越えたばかりで世を去っているし、モンテーニュは三十八歳の時に、自分はもう普通の人よりもはるかに長く生き過ぎたという感懐を漏らしている。したがって「遅過ぎた」旅に出かけるエラスムスの心のなかは、かなり複雑なものであったろう。しかしエラスムスは、この詩においてただ老齢の悩みを歌い上げただけではない。その詩の最後では、これからはキリストに自己のすべてを捧げるという決心が述べられている。それは、いわば過去への決別の歌であり、「詩人」から「神学者」への転身の決意の表明でもあった。

トリノからボローニャへ

イタリアに着くと、エラスムスたちはまずトリノに足を止めた。そして到着早々の九月四日、エラスムスはトリノ大学から神学博士の学位を受けた。エラスムスが長いあいだ勉学を積んだパリやルーヴァンの大学からでなく、一度も勉強したことのないトリノ大学から学位を受けたことについては、エラスムスはイタリアの学位の方がフランスやオランダのそれよりも権威があり、今後の執筆活動に都合がよいと考えたからだというような解釈がなされた。エラスムス自身は、友人たちに宛てて、自分はそれほど気が進まなかったが皆がどうしてもというので、その熱心さに負けて学位を貰ったのだといささか言いわけがましく書き送っている。実際のところ、真相がどうであったか性急な断定は下せないが、いずれにせよ、当時のエラスムスが十分その学位に値するだけの業績と実力とを持っていたことだけは疑いのないところであろう。

トリノから、一行はパヴィアを経て、最終の目的地であるボローニャに向かった。しかし、たまたま教皇ユリウス二世のボローニャ進撃が始まったので、彼らは一時フィレンツェに滞在して戦火を避け、十一月、騒ぎが収まってからボローニャに入った。

ボローニャに着いてすぐ、ステインの修道院長宛ての手紙のなかで、エラスムスは、すでにイタリアに失望しかけていることを伝えている。

……私は何よりもギリシア語の勉強のためにイタリアにやって来ました。しかし、今ここでは学問は冬眠状態にあり、戦争の騒ぎがくすぶっています。したがって私は、役目がすみ次第すぐ帰るつもりです……。

もしその通りになったとすれば、翌年早々にはエラスムスは帰途についていたはずである。ボエリオの息子たちの勉強を監督するという仕事は、一五〇六年の末で終わりを告げたからである。

しかしエラスムスは、その後なお二年以上もイタリアにとどまっていた。それは、ひとつには戦争が収まってボローニャでギリシア語の勉強ができるようになったからであり、もうひとつは、おそらくボローニャで知り合った人文主義者たちを通して、ヴェネツィアの出版業者アルドゥス・マヌティウス（一四五〇頃－一五一五）と接触するためであった。

アルドゥスとの出会いと『格言集』の刊行

事実、しばらくボローニャに滞在した後、一五〇七年十月、エラスムスはアルドゥスに直接手紙を送って、自分のエウリピデスの二編の悲劇の翻訳を出版してくれるよう依頼している。彼のこの依頼に対しては、ボローニャの学者たち、特にギリシア語学者として知られるシピオーネ・フォルティグェリ（一四六六－一五一五）の側面からの援助があったに違いない。このフォルティグェリは、ユマニスト詩人アンジェロ・ポリツィアーノの弟子であり、また自ら名前をカルテロマコとギリシア風に変えてしまったほどのヘレニストであったが、一四九五年以来アルドゥスと親しく、その出版についていろいろ助言や協力を与えていた人である。しかも彼は、エラスムスが監督を依頼されたあのボエリオの息子たちの先生となったボローニャ大学のパオロ・ボンバシオの義父でもあったので、エラスムスは、容易に彼と近づきになることができた。したがって、エラスムスがアルドゥスと交渉を持つようになった背後に、このカルテロマコことフォルティグエリの強力な仲介があったことは想像に難くないところである。

いずれにせよ、アルドゥスの反応は予期以上に好意的であった。ちょうどその頃、アルドゥスは前の年のトルコ軍侵入によってもたらされた経済的苦境を何とか打開しようとしていたところであったが、はからずもエラスムスの作品の刊行が、この著名な出版業者の再起の最初の仕事となった。その上、単にエウリピデスの翻訳だけでなく、エラスムス自身の『格言集』の増補版もアルドゥスの手によって刊行されることとなったのである。

エラスムスはこの『格言集』刊行を実現するため、予定していたローマ行きを一時中止してヴェネツィアに移り住むようになった。彼は多くの学者、文学者たちを集めていたアルドゥスの「アカデミア」の一員となり、文字通りアルドゥスと一緒に生活しながら増補版のために材料を集め、解説を書き、印刷や校正に立ち会い、あらゆる点にわたって大幅な追補を加えながら、ついに刊行にまでこぎつけたのである。

もともとこの『格言集』は、最初はラテン語の語学教授のための範例集として編まれたもので、最初一五〇〇年に刊行された時は八三八句の格言を集めただけであった。その後、一五〇五年に出された再版も、初版の内容をそのまま踏襲している。

それに対してこのアルドゥス版『格言集』は、全体で三二六〇句に拡大された。そしてそれは、もはや単に警句や比喩を集めたというだけではなく、その内容の説明において、古典語学者としてのエラスムスの学識と才能とを十分に立証するものであった。親しい友人たちのあいだではすでに認められていた彼の学問的な実力が、ヨーロッパ中の人びとの尊敬を得るようになるのは、実にこの増補版『格言集』によってであった。内容のみならず、本そのものもたいへん大部なものとなったので、アルドゥスがエラスムスに出来上がった本を数百部献呈すると申し出た時、エラスムスはそれを運ぶ馬も一緒にくれるなら貰いましょうと答えたという。

パドヴァ――アレキサンダー・スチュアートとの日々

このアルドゥス版『格言集』は、一五〇八年の八月に刊行された。その後エラスムスは、ヴェネツィアからパドヴァに移り、当時パドヴァに学んでいたスコットランド王の庶子アレキサンダー・スチュアート（一四九三―一五一三）の師となる役割を引き受けた。それはもちろん、主として経済的な理由にもとづくものであったが、しかしこの若くて才気煥発な青年との交友は、すでに老いを感じていたエラスムスにとってはきわめて楽しいものであったようである。

アレキサンダー・スチュアートは、当時ようやく十八歳になったところであったが、すでにセント・アンドリューズ大聖堂の大司教であり、優れた知性に恵まれていた。彼は若者らしい茶目っ気もあったらしく、ある時など、エラスムスのまだ知らない写本に、エラスムスそっくりの筆跡で注釈を加えたものを作ってエラスムスに見せるといういたずらをした。エラスムスは確かに筆跡は自分のものだが、そんな写本は見たこともないし注釈を施したおぼえもないので、それを見てたいへん不思議がった。アレキサンダーが、実はそれは自分のいたずらだと白状すると、エラスムスは笑って、「君は贋物造りの名人になれるだろう」と言ったという。

エラスムスはこのアレキサンダーと一緒に、パドヴァからシエナに赴き、そこからローマへ向かった。しかしアレキサンダーは、その後まもなく、父王に呼ばれて故国スコットランドに帰らなければならなくなり、エラスムスはこの新しい若い友人と別れなければならなくなった。その訣別に際してアレキサンダーが記念にエラスムスに贈ったのが、あの「我、何者にも譲らず」の銘がはいったテルミヌス神の像を彫り出した古代の硬玉であった。エラスムスがこの銘文を、その後の生涯を通じて自己のモットーとしたことは、すでに述べた通りである。

エラスムスにとって懐かしい思い出を残したこの快活な青年の運命は、しかし悲劇的なものであった。ローマから帰国して四年後、アレキサンダーはイングランド侵攻を企てた父王に随行して、フロッデンの戦闘で父とともに討ち死にしてしまった。

この話を聞いた時、エラスムスは感慨深げに、「確かに彼は自分の国を愛していた。また、彼は自分の父を愛していた。それは私もよく知っている。しかしそれにしてもイングランド侵攻を企てるなんて、あの父は何という愚か者だろう」と語ったと伝えられる。エラスムスにしてみれば、自分がその知性を愛し、育て上げた有為な若者が、エラスムスの最も嫌った戦争という野蛮な状況のなかであたらその生命を失ったということに、何とも言えぬ憤りを感じたに違いない。もしかしたらその時、彼はあの「戦争はそれを経験したことのない者にだけ、美しい」という彼自身の『格言集』のなかの一句を思い出していたのかもしれない。あるいは、アレキサンダーの残してくれた硬玉の「我、何者にも譲らず」という銘文は、テルミヌス神のものであると同時に、なんぴとをも容赦なく襲う死神のモットーとしてもふさわしいものであることを、苦い気持ちで噛みしめていたかもしれない。

ローマでのエラスムス

アレキサンダーと別れてローマにとどまったエラスムスは、なおしばらくのあいだこの「永遠の都」に足をとどめることになるのだが、その間の事情については、詳しいことはよくわからない。

すでに述べたように、エラスムスの生涯のなかで一五〇九年から一五一一年にかけてのこの二年間、不思議なことに彼の手紙はひとつも残っていないのである。しかし、後になってからエラスムスが多少のノスタルジーをこめて思い返しているところによれば、彼はローマの最も優れた神学者や枢機卿たちにあたたかく迎えられたらしい。当時エラスムスはすでに神学博士の称号を受け、さらに『格言集』によって名声を確立していたのだから、それも当然と言えば当然のことであったろう。

特に、教皇ユリウス二世の甥にあたるリアリオ枢機卿や、その優れた蔵書によって知られていたグリマーニ枢機卿に迎えられたことは、彼の知識欲を満足させるのに十分であった。

つまり一言で言って、ローマ滞在はエラスムスにとってたいへん居心地がよかったようである。その居心地のよいローマから彼を旅立たせたものは、またしてもイギリスであった。あれほどまで憧れていたイタリアでしばしば失望を感じ、言葉もわからないイギリスを三度も訪れてそのたびに大きな転機を経験したというのは、エラスムスの生涯におけるもうひとつのパラドックスである。しかし、実はそこに、国際的自由人としての彼の真の面目があったのかもしれない。

彼がローマ出発の意図を告げるために、グリマーニ枢機卿の許に挨拶に行った時、枢機卿はエラスムスと二時間にもわたって会談をし、何とかエラスムスの意志を変えさせようとした。

「しかし私が、イギリスの国王に招かれているのだと告げると、枢機卿はしぶしぶながら私の出発を認めてくれた」と、後にエラスムスは語っている。

「イギリス国王に招かれている」というのは、実はまったくの作り事ではないが、いささか誇張した言い方であった。実際に彼を「招いて」くれたのは、『格言集』に魅せられたカンタベリーの大司教と、あのつねに変わらぬ忠実な友人マウントジョーイであった。

しかし、マウントジョーイがエラスムスに渡英を勧めたのは、一五〇九年四月、ヘンリー七世が世を去って、かつてエラスムスが詩を献呈したこともあるヘンリー八世が即位したからである。学芸の保護に理解のある新王の許でなら、エラスムスもある程度その恩恵にあずかることができるのではないかというのが、マウントジョーイの（そしてまたエラスムス自身の）考えであった。とすれば、「イギリスの国王に招かれ」たということも、根拠のないことではなかったのである。

いずれにしても、一五〇九年七月、エラスムスは三年の滞在の後、イタリアを去った。それは彼にとって、最初で最後のイタリア旅行となった。イギリスの場合と違って、エラスムスはその後、二度とアルプスを越えようとは思わなかった。
それどころか、後になって彼は、「自分はイタリアには何ものも負っていない」とまで言っている。彼の生涯における唯一のこの三年間のイタリア滞在の収支決算は、結局のところどのようなものだったのだろうか。

エラスムスがイタリアから得たもの

マルセル・レイモンは、エラスムスの生誕五百年を記念して一九六九年十月にロッテルダムで開催された「エラスムス会議」において、『エラスムスがイタリアから得たもの』という研究を発表しているが、そのなかでレイモンは、エラスムス自身がイタリアから得ようと期待したものと、より広い視野に立ったもっと一般的なイタリアの影響と、ふたつの観点から考察を進めている。

レイモンの指摘している通り、エラスムス自身がイタリア旅行の目的としたものは、学位を得ることとギリシア語を学ぶことというきわめて限られたものであった。イタリアへ出発する前にエラスムスが友人や保護者たちに送った手紙は、いずれもこのふたつの目的を強調している。そして確かにエラスムスは、ある程度その目的を果たした。イタリアへ到着するなりトリノ大学から学位を受けているし、ヴェネツィアのアルドゥスの許にあった時は、そこに集まる多くの学者たちと古代ギリシア語の発音について、いろいろ議論を交わすことができた。

しかし、彼のイタリア旅行の成果がそれだけに尽きるものだとしたら、それはどちらかと言えばささやかなものでしかない。

神学博士の称号は、彼自身その世俗的効用について決して無知ではなかったにしても、所詮本質的なことではないし、それにエラスムスがその気になりさえすれば、パリでもルーヴァンでも手に入れることができるものであった。またギリシア語の方も、イタリアでの勉強で多少の進歩はあったにしても、エラスムスはイタリアに赴く以前にすでにエウリピデスの翻訳を刊行するほど、ギリシア語に通じていた。後に彼が、「私は今よりも、イタリアに行く前の方が、ギリシア語とラテン語をずっとよく知っていた」と述懐するのも、まったくの誇張ではないのである。しかもその言葉に続けて、さらに彼はこう語っている。

……文学の知識に関しても、私はイタリアに何も負ってはいない。私は、イタリアから多くを学ぶことができたらよかったと思っている。おそらくあの国には、私が師とするに足るような人びともいたにはいたのであろう。しかしそのような人びとなら、イギリスにもフランスにも、ドイツにもいた。そしてイタリアでは、私は時間がなかった。私はただ単に、訪問客としてイタリアに行ったに過ぎないのだ……。

つまり、その程度のことなら、あえてわざわざイタリアに行くまでもなかったというのである。

このエラスムスの気持は、かなり正直な実感であったろう。エラスムスがほんとうにイタリアでしたかったことは、フィチーノやピコやポリツィアーノなどの、優れた人文主義者たちと交友を結ぶことであった。だがそれには、彼の旅はいささか遅過ぎた。そして彼自身、そのことを誰よりも強く感じていた。とすれば、アルドゥスの家やローマの枢機卿の館でいかにあたたかく迎えられたとしても、究極的に彼がイタリアに失望したのも無理のないところだったと言える。

しかし、もう少し広い視野に立つなら、イタリアが彼に与えたものは、彼の生涯においてはかり知れないほど大きな重要性を持っている、とレイモンは主張する。なぜなら、「彼のすべての著作は、例外なしに、イタリアのユマニストたちがその道を開いたさまざまの方向への論理的帰結にほかならない」のだからである。

すでに述べたように、『キリスト教兵士提要』のなかで最も重要な部分は、ピコ・デルラ・ミランドラの思考を借りたとまでは言わないまでも、発展させたものである。ラテン語の格言を集めるということも、むろんエラスムスの創意によるものではない。

のみならず、エラスムスの著作のなかで最も独創的と言われるあの『痴愚神礼讃』ですら、全体の構想や、時には細部の描写まで含めて、ファウスティノ・ペリサウリ（一四五〇－一五二三）の『愚神の勝利』に直接影響されたのではないかという暗示的な仮説までレイモンは提案している。

その意味からすれば、イタリアに対するエラスムスの「負債」はきわめて大きいと言わなければならないであろう。

しかしそれは、イタリアそのものの影響ではあっても、イタリアの旅の直接の成果ではない。エラスムスはイタリアに赴く前から、主としてロンドンにおいて、イタリアの人文主義の洗礼を受けていた。したがって、その点についても、確かにエラスムスは自分はイタリアに「何も負っていない」と言えたのである。

だがそれでは、結局のところ彼のイタリアの旅は、彼自身が言うように成果に乏しいものであったろうか。そのような断定を下すのは、いささか性急にすぎるように思われる。というのは、紛れもないイタリア旅行の成果として、ヴェネツィアのアルドゥス・マヌティウスの許で過ごした十カ月近い月日があったからである。

十六世紀ヴェネツィアの印刷出版業

十六世紀の初頭において、出版、印刷におけるアルドゥスの名声はヨーロッパ全土に及んでいた。もともとヴェネツィアは、十五世紀中葉以来、印刷・出版活動のきわめて盛んな町であった。一九六八年に惜しくも世を去ったマンリオ・ダッツィの遺稿『アルド・マヌツィオ』（ヴィチェンツァ、一九六九年）によれば、十五世紀から十六世紀にかけての変わり目の時期、すなわちアルドゥスがその優れた古典的教養と、活字・装丁・造本すべてに対する洗練された趣味とによって「アルドゥス版」の名声を世に広めていた頃、ヴェネツィアは文字通り「印刷芸術」の中心地であった。十五世紀の中頃にグーテンベルグによって活版印刷が発明されて以来、世紀の末までのあいだに、ヴェネツィアには一五一の印刷工場が記録されている。この数字は、同じ時期におけるパリとリヨンの印刷工場を合わせた数よりも多い。ついでに言えば、同じ時期にミラノにおいては六〇、ボローニャにおいては四二、ローマにおいては三七、フィレンツェにおいては二二の印刷所が記録されている。

世紀の変わり目の一五〇〇年という時点において、ヴェネツィアでは少なくとも二六の印刷工場が活発な活動を示していた。十五世紀の最後の十年間において、ヴェネツィアで刊行された書籍の点数は一四九一点の多きにのぼり、外敵の侵攻に悩まされた一五〇一年から一五一〇年までの十年間においてさえ、五三六点の本が刊行されている（一五〇八年に出版されたエラスムスの増補版『格言集』は、むろんそのなかの一点である）。

また、一五〇〇年か一五〇一年に、オッタヴィアーノ・ペトルッチ（一四六六－一五三九）が金属活版による楽譜の印刷をはじめて試みたのも、このヴェネツィアにおいてであった。

このように活発な印刷・出版活動は、ヴェネツィア共和国のいわば国策であった。ヴェネツィアにおける「印刷芸術」はジョヴァンニ・ダ・スピラに始まるというが、一四六九年には共和国政庁のあるパラッツォ・ドゥカーレにおいて、マエストロ・ジョヴァンニを称え、今後のその活動を保証するという決議がなされている。

この「マエストロ・ジョヴァンニ」はスピラに生まれて、一四五七年からヴェネツィアに住み、印刷芸術の発展に努力したのだが、彼の妻パオラが高名な画家アントネルロ・ダ・メッシーナ（一四三〇－七九）の娘であったと伝えられるのも、不思議な因縁と言えば言える。アントネルロは、イタリアに油彩画の技術をはじめて導入した画家のひとりである。フランドルで発明された油絵技法が、アントネルロによってヴェネツィアにもたらされ、やがてあの十六世紀のヴェネツィア派の豊麗な色彩世界を生み出したように、ドイツで発明された印刷術はジョヴァンニによってヴェネツィアに根をおろし、やがてアルドゥスによって代表されるような優れた印刷芸術の数々を生み出したからである。

このジョヴァンニの印刷所は彼の死後、弟の手に引き継がれ、次いでフランス生まれのニコロ・ジェンソンがその中心となったが、一四八〇年、ジェンソンの死後、アンドレア・トレサーニ・ダ・アラソが主宰することとなった。そして一四八八年頃、このアンドレアの許にしばしばやって来たのが、アルド・ロマーノことアルドゥス・マヌティウスであった（アルドゥスはローマの近くで生まれたので、アルド・ロマーノと呼ばれた。生年は、一四四九年とも五〇年ともいう）。

古代文学に深い愛着を抱いていたアルドゥスは、特にギリシア語の作品を刊行する印刷所を設立するため、印刷術の本場であるヴェネツィアにやって来たのである。彼の印刷所は、一四九〇年代にはすでに活発に活動していた。一四九九年に刊行されて、ティツィアーノをはじめ十六世紀の多くの画家たちに大きな影響を与えたフランチェスコ・コロンナ（一四三三／三四－一五二七）の奇書『ポリフィリウスの夢』（一四九九年）も、アルドゥスの印刷所から生まれたものである。

アンドレア・トレサーニは、自分とほぼ同じ年のこの後輩を大いに引き立て、ときには経済的援助を与えたりもしていたが、一五〇五年、自分の娘をアルドゥスと結婚させ、ふたりは協同で印刷芸術を発展させることとなった。一五〇七年、エラスムスがヴェネツィアに着いたのは、ほぼこのような状況においてであった。

アルドゥスのアカデミア

エラスムスがアルドゥスの印刷所に着いた時、アルドゥスは印刷の監督と校正で忙しい最中であり、エラスムスを単なる見物客であろうと考えて、長いこと待たせておいたという。しかし、それがエラスムスだとわかると、さっそく自分の岳父アンドレアの家に招き、本の刊行までそこに滞在できるようにしてくれた。

エラスムスは、印刷所のなかで原稿の執筆や校正に没頭する一方、アルドゥスの周囲に集まった古典文学者や言語学者など、いわゆる「アルドゥスのアカデミア」の人びとと親しく交わるようになり、『格言集』の増補に際して多くの助力を得た。

一方において、深い学識に恵まれた優れた友人たちとの交流があり、他方において、印刷術という当時としては比較的新しい、しかしエラスムスにとってはきわめて重要な意味を持つようになる仕事に追われていたこのヴェネツィアでの八カ月間は、おそらくエラスムスにとっては楽しい、充実したものであったろう。

ストラスブールのグーテンベルク広場に立っているグーテンベルグの銅像の台座に、印刷物を利用して人類に貢献した偉人のひとりとして、エラスムスの肖像の浮彫りがあることはすでに述べた通りであるが、おそらくエラスムスは、この新しい発明の重要性と効用とを最もよく理解し、利用したと言ってよいであろう。

エラスムスがその生涯を通じて、ひとつの場所に落ち着いておらず、次から次へと自分の住む場所を変えていったのは、ひとつには大勢の訪問客のわずらわしさから逃れるためであったが、そのようなエラスムスが大勢の人びとに語りかけるには、印刷術という大量生産の手段を利用するほかはなかった。

きわめて優れた教養の持ち主でありながら、反面、時事的問題や一般の人びとの興味を引くと思われるような話題に対しても旺盛な好奇心を抱いていたエラスムスは、ある意味でジャーナリスティックな感覚に恵まれており、博い学識に加えてその感覚と印刷術、すなわちマス・コミという手段によって、宗教改革の嵐が吹きまくった激動期にも、「我、何者にも譲らず」という精神の独立と自由とを守り通すことができたのである。

とすれば、アルドゥスの印刷所で長いこと待たされたというあの日は、エラスムスの後半生の最初の日であったと言えるかもしれない。

印刷所の仕事や「アカデミア」の仲間たちとの文学的、語学的、神学的な議論は、エラスムスにとっては楽しいものであったに相違ない。

しかし、アルドゥスの許に生活するということには、またいくつかの不便もあった。その最たるものは、食事の量が少ないということであった。現在のイタリア人たちと違って、十六世紀初頭のイタリアでは、食事は切りつめられるだけ切りつめた簡単なものであった。

アルドゥスの印刷所やアカデミアの仲間たちの食事も、朝は何もなし、昼は一時頃、そして夜は十時頃という厳しいもので、その内容もお粗末なものであったらしい。ちょうどこの頃、エラスムスは、その後の生涯を通じてずっと悩まされることになる腎臓結石にかかったが、それもアルドゥスの家の食卓に出される安物の葡萄酒が原因であった。少なくとも、エラスムス自身はそう信じていた。

大勢の人びとのあいだで、自分だけたくさん食べるというわけにはいかないので、エラスムスは食事の時だけは、人びとから離れて自分の部屋で食べるようにした。エラスムス自身の説明によると、人間の食べる食事の量というのは要するに習慣の問題であって、イタリア人たちは毎日ほんの少ししか食べないが、身体がそれに慣れてしまっているため、それで十分健康を保つことができる。しかし、エラスムスのように北の方からやって来た人びとは、これも習慣のしからしむるところであるが、毎日ずっと多くの量を必要とするというのである。

自分の部屋にこもってひとりで食事をするということは、食卓での会話という楽しみを断念することになるわけだが、さすがのエラスムスも少なすぎる食事だけは我慢できなかったようである。

しかしそのほかの点では、アルドゥスの許に生活することは多くの利益をもたらした。アルドゥスは自ら古典古代の愛好者であったため、多くの珍しい書物を持っており、しかもエラスムスにとってありがたいことに、ほかでは見られない貴重な手稿もたくさんあった。エラスムスがアルドゥス版『格言集』において、あれほど大がかりな増補を行なうことができたのは、アルドゥスの好意とその周囲の人びとの助力があったからだと、エラスムス自身認めている。

とすれば、その増補版の『格言集』のなかで、エラスムスがアルドゥスに対して熱烈な賛辞を呈しているとしても、少しも不思議ではないであろう。そしてこの『格言集』そのものが、彼のイタリア旅行の、何よりも大きな成果のひとつだったのである。

第8章
ゆっくり急げ

海豚と錨

エラスムスがアルドゥス・マヌティウスの協力を得て出版した増補版『格言集』は、初版本に比べて収録した格言の数がほとんど四倍近い分量になっており、しかも、ひとつひとつの格言につけた説明が単なる解説ではなくて、しばしばひとつのエッセイと言ってもよいほど長いものになっていることから見て、「増補版」とは言うものの、実はまったく新しい著作と呼んでもよいものであった。これだけの内容のものを、アルドゥスの許に滞在していた八、九カ月のあいだに本のかたちにまで完成させるのは、それまでにすでにエラスムス自身の深い古典についての教養の集積があったにせよ、容易ならざる事業だったはずである。彼が「ヘラクレスの偉業」の項で、自分の『格言集』編纂の労をヘラクレスの仕事になぞらえているのも、まんざら誇張ではなかったに違いない。

それだけに、この期間におけるアルドゥスの助力は、エラスムスにとってたいへん貴重なものであったろう。エラスムス自身、『格言集』のなかで、自分がヴェネツィアにやって来た時には、この本の材料をばらばらのまま持っていたに過ぎなかったが、アルドゥスと一緒になってはじめてこの大それた企てを実行する気になり、「自分が書き、彼が組む」という毎日が続いたと述べている。もちろん、印刷業者としてのアルドゥスのみならず、彼が所有していた珍しい古代の写本の数々や彼の周囲に集まっていた多くの人文主義者たちの助言が、エラスムスにとって大いに役立ったことは言うまでもない。

それなればこそ、エラスムスは『格言集』のなかの「ゆっくり急げ（**Festina lente**）」という句の説明のなかで、アルドゥスの惜しみない援助に対して公けに謝意を表したのである。

この「ゆっくり急げ」の一句はローマの皇帝アウグストゥスの座右の銘であったと伝えられるが、さらに溯れば、「ゆっくり熟慮して、しかる後すばやく行動せよ」というあのアリストテレスの『ニコマコス倫理学』のなかの教え以来、古代世界において好んで言及され、ルネッサンス期においては、さらに広く人びとのあいだに広まっていた処世訓である。

エラスムスがこの一句をアルドゥスと結びつけたのは、出版社としてのアルドゥスの店のマークが海豚《いるか》の巻きついた錨《いかり》というデザインだったからである。つまり、海豚は海の中を何よりも速く泳ぎ回ることができるし、錨は逆に一カ所に留まっているという不動性を示すものであるから、この両者の組み合わせはまさしく「ゆっくり急げ」という、一見相矛盾する訓えの象徴的表現としてふさわしいものだったのである。

もっとも、エラスムス自身の増補版『格言集』をはじめとして、アルドゥスの刊行した本の扉頁につねに登場するこのマークは、アルドゥスが考案したものではない。それは古代ローマのティトゥス帝の紋章で、もともとは単なる航海のシンボルであったという。現在でも、ティトゥス帝の貨幣の裏に、この図柄を浮彫りにしたものがいくつも残っている（なお、ラブレーはこの「ゆっくり急げ」の俚諺に関連して、海豚に錨の図柄をアウグストゥス帝の紋章だと述べているが、これは誤りである）。だがその後、このデザインがアルドゥスの店のマークとなり、エラスムスによって寓意的意味内容が与えられる前に、それは一度まったく別の意味を持ったものとして通用していた。多くの古代の図像がそうであるように、それはキリスト教によって新たに宗教的解釈が加えられたのである。

アルドゥスの店のマーク

現在残っている初期キリスト教時代の印章のひとつに、ティトゥス帝の貨幣の浮彫りをそっくりそのまま受け継いで、その周囲に「魚」というギリシア語を彫り出したものがある。キリスト教が公認される以前のローマにおいて、「魚」がキリストのシンボルとして信者のあいだで秘かに礼拝対象となっていたことは、広く知られているところであろう。それは、「イエス・キリスト、神の子、救い主」というギリシア語の一句の単語のそれぞれの頭文字を組み合わせると、「魚」という言葉になるということに由来するものであるが、上に触れた印章では、その「魚」という文字がわざわざ海豚の周囲に彫り出されているところから見て、明らかにそれは「聖魚」を意味するものであった。しかも、錨はまた頼るべき拠り所として、初期キリスト教徒たちにとっては十字架と同様の意味を持つシンボルであった。とすれば、最初は単に航海のしるしであった海豚と錨の組み合わせが、初期キリスト教徒たちによって聖なる図像と解釈されたとしても不思議ではない。

もともとキリスト教の図像の多くは、このようにすでに古代世界にあった「形」に、新しい「意味づけ」を与えることによって成立したものだからである。そのことは、エラスムスもむろん知らないわけではなかったろう。エラスムスは、すでにいったんキリスト教のシンボルとなっているものに、あえて古代の格言による再解釈を行なったのである。

エラスムスにしてみれば、二十年以上にわたる古典古代研究の成果を数カ月のあいだに一挙に纏め上げたこの増補版『格言集』の執筆、刊行こそ、まさに「ゆっくり急げ」の格言をそのまま地で行ったものと思われたであろう。それと同時に、海の中を最も速く泳ぐことができると言われる海豚と、どんな激しい潮の流れに対しても厳として動かない錨というおよそ正反対の性質のものの組み合わせは、「ゆっくり急げ」というこれまた一見不合理な格言とともに、きわめてソフィスティケイトされたエラスムスのような精神の持ち主を喜ばせるだけのものを持っていたと言ってよいであろう。それはやがて、「痴愚神」を礼讃する精神に通ずるものなのである。

ユマニストたちのシンボル

しかしそれは、もう少し広い視野で見るなら、ニコラス・クザーヌス（一四〇〇／〇一―六四）の『知識ある無知』（一四四〇年）以来、西欧のルネッサンスの精神的底流のひとつを形成するものであった。事実、「ゆっくり急げ」の格言は、エラスムスのみならずルネッサンスの多くのユマニストたちの処世訓であり、モットーでもあった。この格言を座右の銘とした人文主義者や君主たちは豊かな想像力を駆使して、海豚と錨の組み合わせに劣らぬ面白いデザインを考案して、自己の紋章として使っていた。

たとえばメディチ家の初代太公コジモ一世は、背中の上に帆を載せた亀の姿を「ゆっくり急

コジモ1世のシンボル

ピエトロ・ポンポナッツィのメダル

げ」のシンボルとして用いているし、エステ家のリオネルロ・デステは同じ思想を、帆を結びつけた柱というデザインで表わしている。これらがいずれも、海豚と錨のように相反する性質のものの組み合わせであることは、容易に見てとれるところであろう。

さらに、同様の意味を持ったイメージとして、たとえば美術史家であるエドガー・ウィントは次のような例を指摘している。すなわちカニの上に乗った蝶（ヤコポ・ストラーダの紋章）、矢に巻きついたコバンザメ（アンドレア・アルチアーティの紋章）、鷲と羊（ピエトロ・ポンポナッツィのメダル）、目隠しをした山猫（フランチェスコ・デステの紋章）、馬に使う拍車とくつわ（アシール・ボッチの紋章）、大きな収穫のかごを一緒にかつぎ上げる若者と老人（リオネルロ・デステの紋章）などがそうである。

また、十五世紀の末にほかならぬアルドゥスの店から刊行されて、当時の知識人たちのあいだで広く読まれたフランチェスコ・コロンナの不思議な幻想物語『ポリフィリウスの夢』に付けられた木版画の挿絵では、実にさまざまなかたちで同様の思想が表現されている。そのなかの最も有名な例では、ひとりの少女が床几《しょうぎ》のようなものに半ば腰をかけて、一方の足はしっかりと地面を踏みしめ、もう一方の足は遠くへ走り去ろうとするかのように空中に挙げられている。そして、地面を踏みしめている足と同じ方の手には鳥の翼を持ち、もう一方の走り去ろうとする足の方の手は一匹の亀を持っている。その上、これらの足や亀や鳥の翼は、いずれも画面に向かって右手の方向への運動を暗示しているのに、その少女の顔は、逆に左手の方に向けられているのである。

この『ポリフィリウスの夢』は、物語自体が文字通り夢のようなとりとめのないもので、古代神話へのアリュージョン（引喩）を多く含みながらも、その寓意的意味内容については、多くの研究者が頭をひねっているほど謎めいた表現に満ちているが、この挿絵についてもいろいろな解釈がなされている。だが、その真の意味がどのようなものであろうとも、この挿絵の意図が、相反する性質のものをひとつの構図のなかに二重、三重に重ね合わせて、まとめ上げようとしたものであることだけは疑問の余地がない。問題の少女は立っているかと思えば座っており、動かないかと思えば走り去ろうとしており、走り去ろうとしているのかと思えば後ろを向いている。その上、彼女が手にしている亀と鳥の翼とは、まさしく速いものと遅いものとの代表的な象徴であり、しかもそれが、それぞれ足の位置によって暗示される彼女の二重の行動と反対の組み合わせになるように配置されていることは、この絵の作者が、いかに気を使って「相反するもの」をひとつのイメージに表現しようとしたかを示している。

『ポリフィィリウスの夢』挿画

　この『ポリフィリウスの夢』の挿図をも含めて、上に挙げたような図像は、いずれもそれぞれ多少のニュアンスの差はありながら、「ゆっくり急げ」の格言と同様のものの考え方を示していると言ってよい。これらのイメージは、鳥の翼と亀はもちろんのこと、建物を支える不動の円柱も自由に動き回る帆も、老人の思慮も若者の行動力も、鷲の誇りも羊の謙虚さも、拍車もくつわも、どちらか一方だけでは不十分であって、両々あいまってはじめて完全なものとなるというルネッサンス人たちの人間についての智慧を示すものであると同時に、一見相矛盾するものの統一のなかに真理を読み取り、それゆえに矛盾の統一に情熱を注いだルネッサンスの人びとの精神動向をよく物語るものである。

上に触れたポンポナッツィ（一四六二―一五二五）のメダルには、上半分に鷲、下半分に羊が浮彫りにされていて、その左右に「二重の栄光」というラテン語の銘文が彫り出されているが、それはとりもなおさず、神学と哲学というそれぞれに異なった方法によって追求さるべきふたつの「栄光」を、あえて同時に求めようとする決意を表明するものでもあった。その意味で、このポンポナッツィのメダルやその他の「ゆっくり急げ」のデザインは、古代思想とキリスト教神学との統一を目指したネオプラトニズムの思想と共通の地盤に立つものである。そして、それがまたエラスムスの思想の骨格を形成するものであったことは言うまでもない。

「ゆっくり急げ」の寓意表現

木版画の挿図やメダルや紋章のみならず、この時代の普通の絵画にも、同じような精神構造ははっきりと表われている。「ゆっくり急げ」の格言そのものを造形化した例としては、たとえばエドガー・ウィントの指摘する、マントヴァのパラッツォ・ドゥカーレの壁画がある。これは美術史の上では、マンテーニャ（一四三一―一五〇六）の弟子たちの手になるものとされているが、その基本的な構造は、マンテーニャ自身の発想によるものであろう。壁画はかなり傷んではいるが、作者が表現しようとしたことは、はっきりとわかる。

画面には、丸いボールのようなものの上に乗ったひとりの女性と、その女性の方に手を差しのべてつかまえようとする若者と、その若者を押しとどめようとするもうひとりの女性の三人の登場人物が描かれている。ボールの上の女性はまるで軽業師のように片脚で立っていて、もう一方の脚は空中に浮かせている。彼女は額にふさふさとした前髪を生やしていて、それはほとんど顔の上半分を覆ってしまっている。その代わり、頭の後半分は全然毛のない禿頭である。この奇妙な女性の姿が「機会《チャンス》」の寓意像であることは容易に見てとれるであろう。

昔から「機会」は、「前髪だけあって後は禿頭」だと言われている(だから、向こうからやって来た時につかまえなければならない)。彼女が軽業師のように「球乗り」をしているのは、「機会」の到来はつねに不安定であることを表わす。とすれば、その女性をつかまえようとする若者は、好機を利用しようとする青年らしい行動力を示すものであろう。しかし彼のその行動は、もうひとりの女性によって押しとどめられている。この女性は、ボールの上に乗っている「機会」とは対照的に、四角い台の上に立っている。四角い台というのは、不安定なボールとは反対に、しっかり安定した基盤を象徴する。その上に立っているのは、多年の経験と確実な知識にもとづく「智慧」である。つまり、無経験な若者がやみくもに「機会」を追いかけようとするのを、思慮に富んだ「智慧」が押しとどめているというわけである。

しかし、彼には「機会」をつかまえる可能性がまったく閉ざされているわけではない。足に翼をつけて今にも逃げ去ろうとしている「機会」は、それにもかかわらず、毛のない後頭部を見せているわけではなく、振り返りながらふさふさとした前髪のある額を若者の方に向けているし、「智慧」ははやる若者の胸に手をあてて押しとどめてはいるものの、決して完全に彼を妨げてはいない。逃げ去りやすい「機会」も、慎重な「智慧」も、若者に対してそれなりに好意的である。若者の方は、「智慧」の導きによって無鉄砲にならずにすんではいるが、やはり「機会」をつかまえようとしている。つまり、一言で言えば、彼は「ゆっくり急い」でいるのである。

このような寓意的表現は、今日のわれわれの眼から見れば、いささかわずらわしいほど理屈っぽいものに思われる。われわれは表現される意味内容よりも、表現の仕方そのものにいっそう強く惹かれる。絵画や彫刻であれば、その「主題」よりも「造形性」の方がわれわれにはいっそう重要である。そしてそのことは、近代芸術の観点から見る限り、正当なことであろう。しかしルネッサンス期の人びとは、絵画や彫刻のような「造形芸術」においてすら、しばしば古典古代より受け継いだ寓意表現を利用して、ある思想を語ることを好んだ。ちょうどそれは、エラスムスが『痴愚神礼讃』において、古代文学へのアリュージョンをふんだんに利用しながら、さまざまなイメージを積み重ねて自分の考えを伝えようとするのと同じことである。

したがってルネッサンス時代においては、マンテーニャの「ゆっくり急げ」のようなまわりくどい寓意表現も、きわめて当り前のこととして人びとに受け入れられていた。いやむしろ、当時においては、純粋に装飾的な模様や肖像画のようなものは別として、絵画や彫刻になんらかの物語的、ないしは寓意的意味づけを施さない方が稀であった。ボッティチェルリの流麗な描線も、ラファエルロの華やかな色彩も、いずれもそのような「意味内容」に裏づけられていた。あえて言えば、ルネッサンス期の知識人なら、本来なんの意味もない純粋に造形的な表現にさえ、何かもっともらしい意味づけを与えるのがむしろ普通だったのである。

その結果、たとえば「美」の女神であるはずのヴィーナスを表現するに際しても、ルネッサンスの芸術家たちは単にその美しい外形を描き出すだけでは満足せず、その女神のなかに「天上のヴィーナス」と「俗世のヴィーナス」というお互いに相反するふたつの性質を認め、それを描き分けたり、ひとりの女神像のなかに「統一的に」描き出したりすることを好んだ。ボッティチェルリの有名な「ヴィーナスの誕生」（一四八七年頃）と「春」（一四八二年頃）などがその例である。

またボッティチェルリをはじめ、マンテーニャやピエロ・ディ・コジモ、ヴェロネーゼなどルネッサンス期の画家たちが好んで取り上げた主題に、美神ヴィーナスと軍神マルスの恋のエピソードがある。この挿話は、もちろん古代の神話に由来するものであるが、オリンポスの神々のうちで最もか弱い美の女神と、逆に最も猛々しい軍神というやはり正反対の性質のものの結びつきという点で、相矛盾するものの統一を好んだルネッサンス人たちに強く訴えるものを持っていた。ニューヨークのメトロポリタン美術館にあるパオロ・ヴェロネーゼ（一五二八－八八）の「ヴィーナスとマルス」（一五七〇年頃）では、なまめかしい女神と武装した軍神とがちょうど二人三脚で

ヴェロネーゼ「ヴィーナスとマルス」
ニューヨーク、メトロポリタン美術館

もするように、キューピッドによってお互いの脚をひとつに「結び合わされている」ところが描き出されているほどである。

　このようなものの考え方は、古典古代を愛好したユマニストたちのみならず、キリスト教神学の世界にまで入りこんでいた（ここでわれわれは、もう一度ニコラス・クザーヌスを思い出してもよい）。

サヴォナローラのメダル

　十五世紀の末にフィレンツェに登場して、ほんのわずかの期間ながらルネッサンスの歴史の上で忘れることのできない思い出を残したドメニコ派修道僧サヴォナローラの場合も、その例外ではなかった。

　現在残っている十五世紀末のサヴォナローラのメダルのなかに、円形のメダルを中央から左右半分ずつに分け、左半分に喜ばしげに天に昇る聖霊の鳩を、右半分にフィレンツェの町の上に神の剣が構えられているところを彫り出したものがある。そして、神の剣の図の周囲には、「神の怒りは速やかに地上に降らん」という銘文が刻まれており、聖霊の鳩の周囲には、「神の霊は豊

サヴォナローラのメダル

かに喜ばしく地上に降らん」という文句が読み取れる。これら二種類のまったく相反するイメージは、いずれもサヴォナローラが好んでその説教のなかで利用したものであるが、サヴォナローラの「神」は、単に「怒りの神」でもなければ「慈悲の神」でもなく、これらの相反する性質を同時に兼ね備えた存在であり、その怒りがすなわちその慈悲であるという矛盾を統一した存在であったところに大きな特色があった。

サヴォナローラが、短時日のあいだにフィレンツェの市民たちを改宗させるという驚くべき事業をやってのけたのも、実は異教的神秘主義とキリスト教的神秘主義とのあいだの思考構造の類縁性に助けられた部分が大きいと、エドガー・ウィントは指摘している。エラスムスが生きていた時代は、このような精神的風土の時代だったのである。

『痴愚神礼讃』へ

われわれはエラスムスの訓《おし》えにしたがって、いささか「ゆっくり急い」で回り道をしたが、ここで再び、イタリアを立ち去るエラスムスに戻らなければならない。

すでに述べたように、その生涯におけるただ一度のエラスムスのイタリア滞在は、一五〇九年に終りを告げた。この年の七月、彼は多くの思い出を残したイタリアを離れ、再び馬でアルプスを越えた。三年ほど前、宿願のイタリア旅行を果たすために（通った道は違うが）アルプスを越えた時には、エラスムスの心のなかにある種の決意のようなものがあった。彼はその決意を、やや感傷的な詩に託して表明したが、イタリアから帰る途中で彼が考えていたのはまったく別のものであった。同年八月、イギリスに着くと、彼はバックラーズベリのトマス・モアの家に身を寄せて、旅の疲れもまだ十分に癒えぬままに、旅行中構想を練っていた作品を一気に書き上げた。その執筆に要した時日は、わずか一週間たらずのことであったろうと言われる。このようにして、ルネッサンス期における最も優れた思想的、文学的作品のひとつ、『痴愚神礼讃』が生まれたのである。

『痴愚神礼讃』はエラスムスの膨大な著作のなかでも、現在、一般の読者に最も広く喜んで迎えられているものと言ってよいであろう。今この作品を読み返してみると、作中いたるところに古典古代の文学、思想に対するアリュージョンがふんだんにちりばめられているのに多少の戸惑いを感じさせられながらも、そこにこめられた人間性への洞察の深さと豊かな智慧と、洗練されたユーモアとにいやでも惹きつけられないわけにはいかない。しかも、これだけ豊かな古典的教養を示す作品が、「手許に何の書物もなしに」（ホイジンガ『エラスムス』）、わずか数日で書き上げられたということを考える時、われわれは文筆家としてのエラスムスの稀有の才能にあらためて驚かされる。

もちろん、実際に執筆に要した時日はわずか数日であっても、長い旅のあいだに、彼はゆっくりとその構想を練るだけの十分な余裕があったに違いない。さらに、その背景となっている古典古代についての教養と言えば、すでに二十年以上にわたる長い研鑽の時期があった。古代文学に対して、彼が若い頃から憧れに近い気持ちを抱いていたことは、すでにわれわれの見た通りである。とすれば、三年間のイタリア滞在の後、それまでの彼の思想的、文学的遍歴のひとつの帰結として、まるで熟した果実が自然に木から離れて落ちるように『痴愚神礼讃』という優れた傑作が生まれ出てきたことも、あるいは当然であるかもしれない。しかしそれにしても、彼の執筆の速さは驚くべきものである。

われわれは当然ここで、ヴェネツィア滞在のきわめて短い期間のあいだに、あの膨大な増補版『格言集』を完成させたエラスムスの仕事ぶりを思い出すだろう。長い準備期間の後に、一気に作品を仕上げるというやり方は、エラスムスにとって特徴的であったように思われる。「ゆっくり急げ」という格言は、もしかしたら、ヴェネツィアの印刷業者よりもエラスムス自身にこそふさわしいものであったのかもしれない。

第9章 『痴愚神礼讃』

ホイジンガが語る『痴愚神礼讃』

ホイジンガは、エラスムスの全著作のなかで『痴愚神礼讃』だけが、今日でもなお、「それ自身の価値のために」一般に読まれている唯一の作品であろうと述べている（『エラスムス』）。もっともそれには、「『対話集』を別にすれば……」という留保条件がつけられてはいるのだが、しかしそれにしても、ホイジンガは、この点に関しては世間の意見はきわめて正当であるとして、『痴愚神礼讃』はエラスムスの「最良の著作」であると断定している。

ホイジンガのこの断定に対しては――たとえばローランド・ベイントンのように――異論を呈する人もあるだろうが、少なくともこの本がエラスムスの代表作として、四世紀半にわたって多くの愛読者を惹きつけてきたという事実は否定することができないだろう。そして確かに、ここには、時代の背景や歴史的意味など考えずに読んでもなるほどとわれわれをうなずかせ、時に微苦笑を誘い、時に深く考えこませ、何よりも豊富な引例と洗練された機智と、人間の本質に対する鋭い洞察とによって読む者を楽しませてくれるだけのものがある。学者や詩人や聖職者たちを手厳しく諷刺する時、エラスムスの心のなかには、当時の実際の宗教界や文筆界の実態がなまなましく見えていたのであろうが、しかしそこに登場する人物たちは、現代に生きていたとしても少しも不自然でない人びとばかりであり、それだけに、彼らに対する諷刺も当初の切れ味の良さを少しも失っていないのである。

それはいうまでもなく、エラスムスの筆先から生まれて来る人物たちが、当時の衣裳を身にまとい、当時の言葉を話してはいても、決して単なる風俗ではなく、生きた人間だからである。人間同士の付きあいにいかに「痴愚女神」の助けが必要かという、人情の機微を巧みに捉えた分析や、法律学者や教師たちに対する痛烈な批判など、そっくりそのまま現代に通用するものがある。

しかもその「人間」を、エラスムスは決して抽象的な言葉で説いてはいない。『痴愚神礼讃』に登場する「人間」は、老人も子供も、男も女も、学者も僧侶も、さらには不死の神さえ、いずれも生身の存在であり、エラスムスの筆によって微に入り細にわたって生き生きと描写させられる。「若返り法」に熱中する老人たちは、「白髪染めをしたり鬘《かつら》をかぶったり、多分豚の口から抜いてきた入歯をはめこんだり、小娘に惚れこんで経験未熟な若者そこのけぶり」をやってのけるし、「全教会の基礎は自分たちの三段論法の上に置かれている」と信じているキリスト教の神学者たちは、「溲瓶《しびん》よ、お前は臭いぞ」という言い方、「溲瓶は臭い」という言い方が同じか違うかということを、キリスト教の運命をかけて論じ合うという次第になるのである。

もちろんそこには、かつては文学者たらんと志したエラスムスの豊かな創造的想像力が働いている。『痴愚神礼讃』は、鋭敏なモラリストの書であると同時に、優れた詩人の作品でもある。それも単に、抽象的な分析を具体的な細部で肉づけしたというだけではなく、きわめてソフィスティケートされたかたちでの遊びがあり、時に異常なまで誇張された内容を語りながらもっともらしく恰好をつける筆先の離れ業がある。もともとエラスムスが「モリア」(痴愚)の女神への礼讃を思い立ったのは、エラスムス自身がこの本の序文で告白しているところによると、痴愚女神「モリア」の名前が、友人のトマス・モアのラテン名「モルス」に似ているからであった。したがって『痴愚神礼讃』には、最初から、きわめて高級な人文主義的遊戯の意図があった。すでに前に見たように、エラスムス自身、後になってアントヴェルペンの友人フッテンに宛ててトマス・モアの紹介の手紙を書いた時、モアが機智や笑いを好む性格であったことを述べて、「(モア)は機智に富んだことばは、彼自身を茶化すものであってもこよなく愛し」たと語っている。そしてそれに続けて、「まるで駱駝《らくだ》に踊りを踊らせるように」自分に『痴愚神礼讃』を書かせたのも、モアであったという有名な一句を吐いているのである。

この「モリア」と「モルス」の言葉の洒落のみならず、『痴愚神礼讃』の構想そのものがきわめてエスプリに満ち溢れている。それは、しばしば『痴愚神礼讃』の先行作品として指摘されるセバスティアン・ブラント（一四五八―一五二一）の『愚者の船』（一四九四年）が、愚者をはっきり愚者として嘲笑しているのに対して、一方では聖職者や学者や、その他もろもろの人間の「愚」を口をきわめて痛罵しながら、しかしそれにもかかわらず彼らが幸福でいられるのは、ほかならぬ「痴愚女神」のおかげだという「礼讃」に終始するはなはだ手のこんだ方法を用いている。

「モック・ヒロイック・スタイル」

たとえば、「痴愚女神」は、本書の冒頭において、アリストテレスの教えにしたがってまず自分の系図をずっと語るのだが、その際、オリンポスの神々を適当に茶化しながら、しかもいかにももっともらしく、自分がいかに堂々たる家系（？）を持っているかを得々として述べ立てる。これは、いうまでもなく、卑小なものを高尚らしく見せ、高貴なものを貶めるあのいわゆる「モック・ヒロイック・スタイル」の典型的な例である。この「モック・ヒロイック・スタイル」の知的な笑いが、当時の教養ある人文主義者たちのあいだで強く好まれたことは、たとえば美術の世界においてさえ、ワシントンのナショナル・ギャラリーにあるジョヴァンニ・ベルリーニの「神々の祝祭」のような「モック・ヒロイック・スタイルの絵画作品」（エドガー・ウィント）が作られたことからも明らかである。

事実、イタリアの優れた人文主義者ピエトロ・ベンボ（一四七〇―一五四七）の構想にもとづいて、フェラーラ公アルフォンソ・デステのために描かれたこのベルリーニの「神々の祝祭」においては、ゼウスやアポロンのようなオリンポスの神々たちが、ちょうど、『痴愚神礼讃』におけると同じように、茶化され、笑いの種にされている。この「神々の祝祭」は、一五一四年に完成された。それは、イタリア旅行の後、トマス・モアの屋敷に滞在していたエラスムスが、一気呵成に『痴愚神礼讃』を書き上げた時と、五年とは隔たっていない。もしかしたら、エラスムスがアルドゥスの許に滞在してあの『格言集』増補版刊行という「ヘラクレスの偉業」にも比すべき仕事に熱中していた頃、同じヴェネツィアの町のどこかで、ベルリーニが『痴愚神礼讃』を先取りするようなこの大作と取り組んでいたのかもしれないのである。

ベルリーニ「神々の祝祭」
ワシントン、ナショナルギャラリー

『愚者の船』『愚神の勝利』との比較

自分自身の生まれや配下の仲間たちについてひと通り前口上を述べた後、「痴愚女神」はいよいよその本領を発揮することになるわけだが、その口調は、たとえば結婚について次のように語るのである。

そのうえ、もし賢人たちがしているように、結婚というものの不便不都合をあらかじめ計算できていたら、いったいだれが、結婚などという桎梏《ひっこく》に首を突っこむことをするものか、おたずねしたいですね。また子どもを産むのにどれくらい危険があるものか、またそれを育てあげるのにどんなに苦労するものかをとくと考えたなら、いったいどこのご婦人が殿御の許へ行くでしょう？　皆さんの生命は結婚のおかげでできたのでしょうが、結婚する気になれるのも、私の侍女の「軽躁無思慮《アノイア》」のおかげなのです……。

『痴愚神礼讃』はこのような調子で、全巻を通して「痴愚女神」が自分自身について能書きを並べたてるという体裁をとっているのだが、ここに見られる神々をも茶化してしまう態度や、実は議論にもならない議論をいかにももっともらしい論理的な外観にくるんで提出するというやり方は、まさしく当時のユマニストたちの好んだものであった。したがって、エラスムスのこの才気に満ちた著作に、古代のルキアノス以来の諷刺文学の系譜を読み取ることは、そう困難なことではない（ついでに言えば、エラスムスは『対話集』においても、ルキアノスをお手本としていることを自分でもはっきり認めている）。ルネッサンス時代に限ってみても、十五世紀のアルベルティや、先にもちょっと触れた『愚者の船』のセバスティアン・ブラントなど、類似の先行作品を書いた著述家が指摘されている。

マルセル・レイモンは、以前にも取り上げた一九六九年の「エラスムス生誕五百年記念会議」での講演において、エラスムスに直接の影響を与えた可能性のある先行作品として、イタリアのトレドツィオのファウスティノ・ペリサウリのラテン語による長編詩『愚神の勝利』を指摘している。このペリサウリとは、かつてメディチ家の保護を受けていたあのユマニスト詩人アンジェロ・ポリツィアーノの弟子で、一四五〇年頃生まれて一五二三年に世を去っており、その詩『愚神の勝利』は何年に発表されたものか正確なところはわかっていないが、その内容を『痴愚神礼讃』と詳細に比較検討してみると、単に全体の構成のみならず、そこに用いられている具体的な実例や文章の言い回しにいたるまでお互いにしばしばきわめてよく似ており、剽窃とまではいわないまでも、どちらかがもう一方を直接の手本としたことは「疑問の余地がない」という。

そしてレイモンは、おそらくはペリサウリの詩の方が先行するものであって、この事実は「まことにわれわれの心悩ます問題であって、いっそう綿密に研究してみる価値がある」と言っている。

しかしながらレイモンがそれとなく暗示しているように、もしほんとうにエラスムスがペリサウリの詩を「文章の言い回しにいたるまで」お手本としていたとしても、実はそれは必ずしも驚くべきことではないし、ましてや「心悩ます問題」でもない。それどころかむしろ、レイモンのような優れた学者までもが、ペリサウリという「お手本」の登場にいささか当惑げな驚きを表明しているというそのことに、四百年以上にわたって世界中の人びとに愛読されて来たとはいいながら、『痴愚神礼讃』が必ずしも正当に位置づけられていない事実を読み取らなければならないだろう。

むしろわれわれとしては、レイモンの主張に対しては、(1)『痴愚神礼讃』は（ペリサウリの「お手本」を別にしても）、決して当時においてそれほど異例の作品ではないこと、(2)しかしそれにもかかわらず、それは一般に考えられている以上に（そしてレイモン自身がそう指摘している以上に）、深い「独創的な」書であること、の二点を指摘しなければならない。

人文主義的文化と民衆文化の統合

まず第一の点について言えば、一九六七年不幸な死を遂げた優れたルネッサンスの学者ロベール・クラインが、一九六三年にすでに、「愚者のテーマと人文主義的イロニー」と題する評論において、中世末期から十六世紀にいたるまでの「愚者のテーマ」のさまざまな表現が、いかにエラスムスの『痴愚神礼讃』への地盤を準備したかを、多くの実例を挙げて見事に証明している。クラインの挙げる実例は、必ずしも、ナイジェル・ワイルカーの『愚者の鏡』からブラントの『愚者の船』およびその類書にいたるまでの書物の形式で公刊されたものばかりではなく、あるいは民衆のあいだに伝わる寓話であり、あるいはお祭りの日に野外で催される笑劇であり、あるいは宮廷で王様の御機嫌をとり結ぶ道化たちであるが、それらすべてを含めて、ルネッサンス期の西欧においては鋭い人間観察にもとづく「笑い」の伝統がすでに幅広く存在しており、それが人文主義者たちによって洗練されたイロニーにまで高められたというのである。

その際、いわゆる「人文主義的文化」が決して一般民衆の通俗的文化と相対立するものではなく（特にアルプスの北の国々においては）、逆にそのような民衆文化の共通の資産を積極的に取り入れ、したがって人文主義的文化と民衆文化のあいだには、意外に近しい類縁関係があったというクラインの指摘はきわめて重要である。それは、時には煩瑣なほど繰り返し出てくる古典文学への博学な言及にもかかわらず、『痴愚神礼讃』が長いあいだにわたって多くの読者を惹きつけてきた秘密の、少なくとも一端を解明してくれるものだからである。

そしてそのことは、前に触れた「モック・ヒロイック・スタイル」のベルリーニの絵画作品「神々の祝祭」が、きわめてソフィスティケートされたプログラムに従っていながら、他方では中世末期に一般民衆のあいだに流布していた『通俗本オヴィディウス』のいささか安っぽい木版画挿絵の伝統を取り入れていることと、見事に呼応しているのである。

道化の存在

クラインの指摘するもうひとつの重要なことは、民衆的なお祭りの場から王様の宮廷にいたるまで、あるいは芝居や見世物小屋の舞台から通俗版画にいたるまで、あらゆる場所で活躍する「道化」の存在である（いうまでもなく、西欧語においては、「道化」と「愚者」とはしばしば同一の言葉である)。彼らは——ある意味では現代にいたるまでそうであるが——一方では常人以下の「愚者」として、愚かしい言葉や行為で「笑い」をふりまきながら、他方ではしばしば、その「笑い」にくるんで鋭い人間観察や真実の言葉を吐く「賢者」に変貌する。

普通の人間が口にしたのではたちまち王様の怒りを買うような痛烈な批判や皮肉も、「道化」たちの口から出れば、逆に王様を苦笑させる。つまり「道化」は、「愚者」なるがゆえに「真理」を説くことができるのである(われわれはそのような「道化」の最も優れた例を、エラスムスの時代よりもやや遅れて、シェークスピア劇の舞台のいくつかに見ることができるだろう)。

エラスムスの「痴愚女神」が、この「道化」の伝統を引いていることは明らかである。たとえば先に引用した結婚の「愚かしさ」についての一節など、まっとうなかたちで著者の意見として述べられたら、善良な読者の反発を買うかもしれない。しかしそれが、ほかならぬ「痴愚女神」の、すなわち「道化」の言であるがゆえに、読者は笑ってそれを受け入れることができるのである。

そのような「道化」の効用は、その伝統を利用しなかったブラントの『愚者の船』と比較してみれば、たちどころに明らかであろう。一四九四年、すなわちエラスムスがまだカンブレーの司教の秘書を勤めていた頃にバーゼルで刊行され、エラスムスの『痴愚神礼讃』の書かれる一五〇九年までにバーゼルだけで五回も版を重ね、その間いくつものラテン語訳も刊行されて、人文主義者たちのあいだにも広く迎えられたというこのブラントの長篇詩は、ある意味で確かにエラスムスの著作の先輩格にあたる。しかしブラントは、エラスムスのように「愚者」に語らせるのではなく、真正直に作者が多くの「愚者」を並べ立ててみせる。そのブラントが「結婚」の愚かしさについて語るのは、ただ打算的な結婚だけである（このブラントの名作は、尾崎盛景氏の優れた訳によって『阿呆船』の題名のもとに現代思潮社版「古典文庫」に収められ、われわれにも親しみやすいものとなった。以下の引用は、尾崎氏の訳文を借用している）。

財産目あての結婚は
喧嘩や不和やそのほかの
不幸や悲劇のもとになる
（中略）
財産だけを目当にし
まことの心を顧みず
妙な結婚するならば
平和も情けも残らない。

これは、いわばきわめて健全な常識的市民道徳であって、エラスムスの「痴愚女神」のような衝撃力を持たない。そして同じことは、この種の諷刺文学の生命である「諷刺」そのものの力においても言えるのである。

ホイジンガが指摘する通り、『痴愚神礼讃』のなかで近代の読者に最も人気のある部分は、学者や聖職者や法律家やその他もろもろの「権威」に対する、その痛烈な批判と諷刺にあるだろう。もちろんブラントの『愚者の船』にも、無用な学問やいかがわしい僧侶に対する批判はある。しかしそれも、いわば「体制内での批判」であって、「結婚」についての場合と同じように、健全な常識の範囲を出ない。それに対して、エラスムスの批判が痛烈をきわめているのは、語り手が著者ではなくて「痴愚女神」だからである。

もちろんそれは、エラスムスの巧妙なフィクションであった。そのフィクションを設定することによって、彼は思いのままに自由な批判の矢を投げつけ、人間の真実を抉《えぐ》り出すことができた。あまりに激しいその批判に対して、「権威」の側から文句が出れば――事実、それは実際にあったのだが――、あれは著者の意見ではなくて「痴愚女神」がそう言ってるだけだと逃げることができる。「人びとの眼をくらますために注解書を公刊する」学者たちを批判する時などは、エラスムスはその批判される学者の仲間のなかに、わざわざ「痴愚女神の友人エラスムス」を加えるというほど手のこんだやり方をしている。

しかし、「痴愚女神」に一人称で語らせるというこの形式は単に、批判をいっそう痛烈ならしめ、しかも敵の攻撃の鉾先《ほこさき》をかわすという、いわば純粋に「戦略的」な意図のみから生まれたものだろうか。

それが舞台や宮廷の「道化」の伝統を引いているには違いないとしても、書かれた諷刺文学として「愚者」に一人称のかたちで喋らせるというこの形式は、エラスムスの独創によるものである（レイモンが「お手本」だと指摘するペリサウリの『愚者の勝利』も、その点だけはエラスムスと違うという）。したがって、多くの研究者がそこにエラスムスの「独創性」を見ようとしたのは、決して間違ってはいないだろう。しかしながら、それを単なる「戦略的」なものとみなすことは『痴愚神礼讃』の持つ重要な一面を見誤らせ、その結果、作品の評価や位置づけにおいても大きな誤解を招くおそれがあるように思われる。

事実、エラスムスのこの「独創性」を指摘する研究者は——あのホイジンガでさえ——ほとんどみな口を揃えて、そこに批判者エラスムスの巧妙なカムフラージュを認めて、そのゆえに『痴愚神礼讃』は、冷酷なまでの批判精神にもとづく優れた諷刺文学だとしているのである（エラスムスを何よりもまずキリストの使徒と見るベイントンは、『痴愚神礼讃』も実はもうひとつの『キリスト教兵士提要』にほかならず、戯文による俗世の蔑視の表現だという注目すべき見解をとっているが、そこでも自ら語る「痴愚女神」の役割は、やはり「カムフラージュ」である）。

人間へのあたたかな視線

もちろん、私も『痴愚神礼讃』が優れた諷刺文学であることを否定するものではない。「痴愚女神」は、確かに批判者エラスムスのかぶった仮面に違いないであろう。だが、果たしてそれだけなのであろうか。『痴愚神礼讃』をもう一度虚心に読み返してみると、単に鋭い諷刺や批判に満ちているのみならず、そこには同時に、きわめてあたたかな人間的眼にも欠けていないように思われる。確かにエラスムスは、「痴愚女神」の口を借りて世にも痛烈な諷刺を展開する。だが、たとえば結婚の愚かしさを説くエラスムスは、必ずしも結婚を否定してはいない。少なくとも、結婚の「愚かしさ」を繰り返す人びとを否定してはいない。むしろそのような「愚かな」人間に、あたたかい理解と共感を寄せている。男女の結びつきのみならず、人間同士のつき合いも「痴愚女神」がいればこそ楽しいのだという女神の自慢話を、単なる偽善の告発とのみ読み取ってはなるまい。そのような「愚かな」人間を、その「愚かしさ」のゆえに、人間としてエラスムスは受け入れているからである。

学者たちに対する批判にしても同様である。もちろん彼は、学者の独善や傲慢を鋭く告発する。しかし、「苔むした石のかけらの上から、碑文の断片を発見したりして」子供のように喜んでいる学者をこき下すエラスムスの筆は、決してそれほど冷たいものではない。なるほど、それは馬鹿らしいことかもしれない。しかしその「馬鹿らしいこと」に喜びを見出す学者は、それゆえに「人間的」なのではないか。「学者エラスムス」は、「痴愚女神の友人」で結構なのではないか。エラスムスは、随所でそのようにひそかに呟いている。「痴愚女神」は確かにエラスムスの「仮面」であったろう。しかし同時に、それはやはりある程度まで彼の「本心」でもあったように私には思われてならない。

そのことは、『痴愚神礼讃』におけるエラスムスの人間理解の広さと、複眼的なものの見方と、そして彼の人間に対する寛容とをよく物語るものである。それに比べれば、「健全な市民道徳」を称揚したはずのブラントの『愚者の船』の方が、かえって性急な批判の書のようにすら見えてくる。すでに四十年のあいだ人生を生きてきて、さまざまな人間の「愚かしさ」を見てきたエラスムスは、同時にその「愚かしさ」ゆえに人間を愛することも知ったようである。『痴愚神礼讃』があれほどまで人びとに愛読されたのも、単にその切れ味のよい諷刺のゆえのみならず、そこに愚かな人間へのあたたかい理解がこめられていたからにほかなるまい。その意味で『痴愚神礼讃』は、人間の精神の歴史のなかで高い地位を与えられるべきものであろう。

しかし『痴愚神礼讃』において、このように豊かな、寛容な人間理解に達したエラスムスは皮肉にも、まもなく、当時の西欧世界において最も尖鋭な、最も非妥協的な恐るべき相手と対決しなければならないことになるのである。

第10章
宗教改革の嵐

『痴愚神礼讃』の成功が示したこと

『痴愚神礼讃』は、それが執筆されてから二年後、一五一一年に、パリのジール・ド・グールモン書店から出版された。エラスムスにしてみれば、それはほんの数日のあいだにほとんど何の参考書もなしに、つまり彼の数多い著作のなかでもおそらく最も苦労せずに書き上げた作品であったが、人びとのあいだでは喜んで迎えられ、初版千八百部はたちまち売り切れてしまった。以後それは、スイスの優れた画家ハンス・ホルバインの挿絵入りのものなどを含めて次々と版を重ね、今日にいたるまで、国際的なベストセラーの位置を保ち続けることとなったのである。

セバスティアン・ブラントの『愚者の船』もやはり数多くの版を重ねたという事実からも明らかな通り、当時のヨーロッパの知識人たちのあいだに、このような諷刺文学に対する強い興味があったことは確かであるが、それにしても、『痴愚神礼讃』の爆発的な人気は、やはりその優れた文学性と人間への理解に負うところが大きい。

しかし、それだけに、その内容がやがてエラスムス自身の予想を越えたさまざまな反応を呼び起すことになったのも、やむを得ないことであったと言えよう。それはいわば、道化の仮面に包まれた時限爆弾であった。一見馬鹿馬鹿しいまでにおどけた、軽々しい外観の奥に、恐るべき真実がこめられており、それはやがては、人びとのあいだに、そのすさまじい効力を発揮するようなものであった。当時の心ある読者なら――現在でもなおそうであるように、全巻「まるで駱駝がダンスを踊らされたように」ふざけ散らしているこの『痴愚神礼讃』を読んで、まず大声で笑いながら、その後で一種の戦慄を感じたに相違ない。

もちろん、明敏なエラスムスはこの本を書いた時から、そのようなことは百も承知していたであろう。彼のなかに、ユマニスト的な遊びの精神があったことは疑いを容れないとしても、当時に、そこには彼が目のあたりにした当時の現実の姿、特に、精神的にも世俗的にも絶大な権勢を誇っていた教皇庁とその内部に住まう人びとに対する、激しい告発の姿勢があったこともまた確かである。いやむしろ、ユマニストとして人間に対するあたたかい理解と共感を抱いていただけに、いっそう強く、キリスト教徒として、そのような教会の現状に激しい憤りを覚えたはずである。事実『痴愚神礼讃』のなかでも、教皇や枢機卿や修道士たちに対する諷刺は、特に痛烈をきわめている。

われわれはここで、この不滅の諷刺文学が、ローマからの長い帰り道の途上で構想されたことを思い出す必要があるだろう。そのとき彼は、十分な名声と栄誉に恵まれ、その気になればもっとずっと長くローマに留まることができたにもかかわらず、枢機卿たちの鄭重なもてなしや、彼にとっては何よりも大きな魅力であったはずの多くの古代の写本に満ちたその図書室などを見棄てて、まるで逃げるように無理矢理にローマから去って行ったのである。そしてそれ以後、彼は二度とアルプスを越えようとはしなかった。

ローマへの幻滅

したがって、永遠の都ローマに対するエラスムスの心境は、きわめて複雑なものであったに違いない。すでに見たように、実際にイタリアに行くまでは、彼はローマに対して強い憧れを抱いていた。そこは、エラスムスの心を占めていたふたつのこと、すなわち古代とキリスト教とのいずれもの中心地であり、彼にとっていわば約束の地であった。しかし現実には、その約束は大きく裏切られた。彼は、もちろん、グリマーニ枢機卿やその他の学問好きの高位聖職者たちとの交際によって多くの利益を受けた。しかしそれと同時に、イタリアへ到着して間もなく、たまたまボローニャで眼にした教皇ユリウス二世の、およそキリストの使徒らしからぬ血なまぐさい武張った姿を生涯忘れることができなかった（後の一五一六年に、『天国から閉め出されたユリウス二世』という作者不明の諷刺書が広く流布されたことがあるが、この作者がエラスムスではないかと考えられているのも、彼がユリウス二世に対して強い反感を抱いていたからである)。そして、教会の中心であるローマにおいても、著名な学者として大いに歓迎されただけに、彼は教会の内部のおぞましい状況をつぶさに知ることができた。

この点では、ローマというこの教皇の都に対するエラスムスの反応は、たとえば、ちょうどエラスムスがイタリアを去った直後、一五一〇年頃、やはりアルプスを越えて北の国からやって来た、まだ無名のひとりのアウグスティヌス修道会の修道士の場合とはまったく対照的であった。その修道士は、修道会の命を受けてローマにやって来たのだが、初めてこの聖なる都を眼にした時は、思わず感激のあまり大地にひざまずいてしまったという。そして、それまでに自分の犯したすべての罪を償うため、ラテラノの丘を登りながら、一足ごとに「主の祈り」を唱えていた。この修道士というのが、当時二十七歳の若きマルティン・ルターであった。もちろん、その時は、ローマを見てひざまずいたルターが十年もたたないうちにローマ教会の最も恐るべき敵となり、ほとんど嫌悪に近い感情でローマを逃げ出したエラスムスが、逆にそのルターに対してローマ教会を擁護する立場に立たされようとは、彼ら自身もおよそ考えていなかったに違いない。

「痴愚女神」は語る

したがって『痴愚神礼讃』のなかで、エラスムスが随所に教会や聖職者に対する攻撃を皮肉の衣に包んで展開しているのも、少しも驚くにはあたらない。諷刺家としてのエラスムスの面目は、教皇、枢機卿、司教、司祭、修道士たちを攻撃するこれらの激烈な文字のなかに、遺憾なく示されている。もちろんそこでは、「仮面」としての「痴愚女神」が十分に活躍して、思い切った批判を投げつける。たとえば教皇について、「痴愚女神」は次のように言う。

もしキリストの代理者たる教皇がたが、キリストの清貧、その忍苦、その賢明、そのご苦難、その現世蔑視を模倣しようと努力されたうえに『父』を意味している『教皇《パパ》』という名称なり、自分らに与えられている『至聖なる』という称号なりのことをお考えになったら、その世のなかでこれ以上に不幸な人間があるでしょうか？　この高位を買い求めるために、あらゆる手段を用い、買ったあとでは剣と毒薬とあらゆる暴力とを使ってこれを護ろうとする者があるでしょうか？　もしたまたま知恵が、おやまあ私としたことが、知恵ですって？　とんでもない！キリストが語った塩の一粒だけでもが、これらの人々に宿ったとしたら、ずいぶんとたくさんな特権をなくしてしまわねばならないことになりますよ！　あれほどの財宝、栄誉、支配力、勝利の記念、役掌、免許、課税、贖罪符、あれほどの数の馬、騾馬、衛兵、あれほどたくさんな快楽など、をね。ごらんのとおり、私に、ほんのわずかなことばで、すばらしい商売、莫大な収穫、大海のような幸福を表わそうとしたのですよ！

（中略）

現在では、教皇のお役目中いちばん骨の折れる部分は、お閑暇《ひま》なペテロやパウロにだいたい任せきりにしてありまして、教皇のほうでは、豪華な儀式やお楽しみのほうを受け持っておられます。したがって私のおかげで、教皇様くらい楽しい生活をしているかたがたはいませんね。これくらい心配のない人々もいません。なぜかと申して、神秘的でほとんどお芝居のようないでたちで、『至福』とか『至高』とか『至聖』とかいう称号をまとって現われ出でて、祝聖したり呪詛したりしながら、お儀式で監視の目を光らせさえしていれば、十分キリストのために尽くすことになると思っているからなのですよ……。

しかし、言い方こそはきわめて厳しい口調であるが、エラスムスは決して根も葉もないことを「痴愚女神」に語らせているわけではない。それどころか、残された当時の記録から想像する限り、教皇庁の「頽廃」ぶりは、これらの激越な言葉すら、ほとんど誇張とは思わせないほどである。エラスムスは、敬愛する多くの人文主義者たちがすでに世を去ってしまった後に、「あまりにも遅く」イタリアにやって来たことを悔んだが、教皇庁の方にしてみれば、エラスムスのように批判精神の鋭い、そして文才に恵まれた男が、最も都合の悪い時にローマにやって来た不運を嘆かなければならなかったろう。事実、エラスムスのイタリア滞在の時に教皇の座にあったユリウス二世の時代は、前任者のアレクサンデル六世、後継者のレオ十世の時代とともに、一面ではルネッサンスの最も華やかな――ということは、他面から言えば最も「堕落した」――時期だったのである。

エラスムスが「痴愚女神」の口から、教皇たちは金で買ったその地位を「剣と毒薬とあらゆる暴力」によって護ろうとしていると言わせたのは、当時においてはまったく額面通りの事実であった。悪名高いボルジア家出身の教皇アレクサンデル六世が、自分の政敵を亡きものにするため、しばしば毒薬を利用し、最後には誤って（あるいは謀られて）自らも毒に倒れたことは、すでに当時からいわば周知の事実であった。

その後を襲ったデレ・ロヴェレ家出身のユリウス二世は、剣と富との威力を最も巧みに使い分けた教皇であった。彼はエラスムスが実際に目撃したように、戦争があればいつも派手に武装して全軍の先頭に立ったし、戦争がない時は、聖職者たちには禁じられている狩猟に出かけて、その荒々しい血潮を満足させた。この狩猟も贅を尽くしたもので、鳥を捕える網も猟犬も、さらには狩りに使う勢子まで、いずれもこの道の先輩のフランスから輸入したものであり、またしばしば、その狩りの機会に多くの高位聖職者や外国大公使、貴族たちを集めて、盛大な祝宴を催した。食物にかけてもユリウス二世は大変な道楽家で、食卓にはイタリア産のキャヴィアとフランス産の葡萄酒を絶やしたことがなかったと伝えられている。

そのような贅沢をすれば、当然教皇庁の財政は窮乏に追いこまれるが、ユリウス二世はお金が足りなくなれば、枢機卿やその他教皇庁内の地位をどんどん「売って」いった。自分の気に入らない枢機卿を暗殺させて、その地位を多額の賄賂を出した者に与えるというようなことは、ルネッサンス期においてはほとんど日常茶飯事であった。

ユリウス二世は、美術史の上では理解ある芸術の保護者として、盛期ルネッサンスの繁栄をもたらした功労者とみなされているが、そのことも、華美な服装や豪奢な食卓とともに、教皇の世俗的な楽しみの一部を形成するものにほかならなかったのである。たまたまエラスムスのローマ滞在の時期は、ユリウス二世に招かれたラファエルロやミケランジェロが教皇庁そのものの内部で腕を振るっていた時代であり、それにしては多弁なエラスムスが少しもその点に触れていないことは前に述べた通りだが、神の代理人というよりはむしろ成り上がりの商人を思わせるこのような浪費ぶりを背景としたものであってみれば、たとえエラスムスがミケランジェロやラファエルロの作品を見たとしても、それは疎ましいものでしかなかったと言えるかもしれない。

一五一五年の時勢

そのような実情をよく知っていただけに、エラスムスは『痴愚神礼讃』において、いたる所に教会の腐敗に対する批判の爆薬を仕かけておいた。もしエラスムスの方に誤算があったとすれば、『痴愚神礼讃』の予期以上の成功によってその時限爆弾があまりにも早く効果を上げてしまったということであろう。事実、『礼讃』刊行後、数年も経たないうちに、エラスムスは、この本の目的は人びとに有徳の生活を勧める以外になんの他意もないと弁解しなければならなくなっていた。その後エラスムスは、『痴愚神礼讃』はほんの軽い冗談でしかないし、まったく取るに足らぬもので、刊行の値打ちもなかったとまで言わなければならないのであった。

ホイジンガは、エラスムスが後になって、自ら『痴愚神礼讃』を軽んずるような口ぶりで語っているのは、「一五一五年のエラスムスは、もはや一五〇九年のエラスムスではなかった」からだと言っているが、変わったのはエラスムス自身よりも、むしろ時勢の方であった。つまり一五〇九年においてなら、「取るに足らぬ冗談」で済んだかもしれなかったものが、一五一五年には、教会にとって重要な脅威を感じさせるものとなっていたのである。

そのような時勢の変化をもたらしたものは、すべてとは言わないまでも、少なくとも部分的には『痴愚神礼讃』の力であった。エラスムスのたびたびの弁明にもかかわらず、それは単なる「軽い冗談」であるためにはあまりにも深刻、かつ辛辣であり、またその影響を否定するには、エラスムスの名前はすでにヨーロッパ全土を通じてあまりにも広く知られていた。とすれば、宗教改革運動の初期の段階において、エラスムスがしばしばルターに対して理解する同情的態度を見せていたのも——そしてそれゆえに、改革派の人びとがエラスムスこそはわが党の士であると思ったのも、あえて不思議とするには足りないのである。

事実、一五一七年のウィッテンベルグの九十五カ条に始まるあの十六世紀最大の精神史的事件に、『痴愚神礼讃』をも含めて、エラスムスの思想が重要なエネルギーを与えていなかったとは言えない。それは、ある歴史家をして、「現実に行なわれた宗教改革はルターの偉大な事実である。しかしあるべき宗教改革は、すべてエラスムスの精神にまでさかのぼるものであろう」とまで言わしめたほどであった。

『平和の訴え』の戦争批判

一五一七年、ルターが宗教改革の戦いの火ぶたを切ったちょうどその同じ年に、エラスムスはバーゼルのフローベン書店より、『平和の訴え』と題する小冊子を刊行した。これは、一五一六年、スペイン王フェルディナンド五世の死去に伴って、その孫であるネーデルランド生まれのブルゴーニュ公カールがカルロス一世(一五〇〇-五八)としてスペインの王位についた結果、以前からスペインと敵対関係にあったフランスがあらためてネーデルランドと事を構える危険の生じたことを憂えたカールの官房長官ジャン・ル・ソヴァージュ(?-一五一八)が、この問題を外交的に解決させるため、若い国王カールの政治的心得の導きとして、エラスムスに執筆を依頼したものである(同じル・ソヴァージュは、それ以前にも、やはりカールのために『キリスト教君主教育』の執筆をエラスムスに依頼している。このような事実は、当時のヨーロッパにおけるエラスムスの精神的権威をよく物語るものであろう)。したがってそれは、直接には当時の複雑な政治情勢を背景とした政治論であるが、エラスムスはそこで、やがてヨーロッパの大半の国々を捲きこむことになるあの血で血を洗う宗教戦争を予感しているかのように、キリストの精神にもとづいて強く平和を呼びかけているのである。

もともとエラスムスは、ルターがあらゆる種類の闘争を恐れなかったのとは正反対に、ペンの上での争いは別として、どんなかたちの戦争もこれを嫌悪し、否定した。それは、ひとつには生来病弱であった彼の体質に由来するものであったが、それ以上に、キリストの教えの深い研究から生まれた信念であった。そして彼は、その信念を、それまでにもさまざまな機会を利用して人びとに訴え続けてきた。

たとえばエラスムスは、一五一四年、サン・ベルタン修道院長アントワーヌ・ド・ベルゲンに宛てた手紙のなかで鋭く戦争を批判して平和への情熱を披瀝し、その翌年には同様の主旨を、有名な、「戦争はそれを知らぬ者にとってのみ美しい」という格言の説明として、増補版の『格言集』に収めた（これは後に、単行本としても刊行された）。また同じ一五一五年には、教皇レオ十世に宛てた手紙のなかでも戦争を批判しているし、『平和の訴え』に先立って依頼された『キリスト教君主教育』（一五一六、バーゼル）においても、やはり同じような平和への情熱が述べられている。もちろん戦争という愚行は、あの鋭い「痴愚女神」の批判の槍玉にもあげられている。事実、「痴愚女神」は例の皮肉たっぷりの口調で、戦争などというものは、「結局は敵も味方も双方とも得よりも損をすることになるものなのに、何が何だかわからない動機で争いごとを始める」など、これ以上にたわけたことがあるだろうかと決めつけ、そんなものは「居候や女衒《ぜげん》や、盗賊や無作法者や、阿呆や、借金で首がまわらぬ人間」、要するに「世のなかの滓みたいな連中」がやらかすものだと言っている。

特にエラスムスは、口に神の愛を唱えるキリスト教徒が、神の御名のもとに血を流すのを容認していることがよほど腹に据えかねたと見えて、「痴愚女神」に、キリスト教会は、血潮によって建てられ、血潮によって固められ、血潮によって盛大となったというわけで、まるでキリストには、自分のものをキリストらしいやり方で護る術がないとでもいうように、ご連中はいまだに血を流させ続けています。戦争は実に凶悪なものだから、野獣どもにこそふさわしい、人間にはふさわしくないものです。それは実に狂気の沙汰ですから、詩人たちは地獄の醜女《フリアエ》たちから届けられたと想像しているほどです。それはまた実に危険な疫病ですから、あらゆるところで良風美俗を腐敗させてしまいますし、極悪な強盗が普通は最上の戦士となる、不正きわまるものですし、キリストとはなんの関係もない不敬冒瀆なのです……

とまで言わせている。

一五一七年の『平和の訴え』は、このようなエラスムスの戦争批判をいわば総まとめにしたもので、その内容は今日においても十分に傾聴に値するものを持っている。彼はここでも、『痴愚神礼讃』と同じように「平和の女神」そのものに語らせるという形式をとっているが、しかし、もはやそんな『礼讃』の場合のように皮肉たっぷりの仮面ではなく、彼は「平和の女神」の声を借りて堂々たる平和論を展開しているのである。

エラスムスはまず、「野獣にこそはふさわしい」ものと思われる戦争が実は人間特有のものであって、野獣でさえも同種族のあいだでは殺し合いをしないという具体的な事実から説き起し、したがって人間として当然、人間同士の殺戮は避けるべきであるとし、さらにキリストの教えを奉ずるなら、少なくともキリスト教徒同士の争いは絶対にしてはならないと主張する。彼は、当時——のみならず現在でもしばしばそうだが——戦争を正当化するために大声で主張された「正義の」戦争なるものもほとんど信じない。エラスムスによれば、戦争というのは決して民衆によって起こされるものではなく、本来なら民衆の安寧を図るべき少数の指導者によって起こされるものであって、したがってそれは、つねに民衆の自由に対する侵害だという。

なぜ戦争が起こるのか

では、そのような戦争がなぜ起こるか。エラスムスはその原因を分析して、これを列挙する。第一は王位継承の争い、第二は君主同士のあいだの私的な闘争、第三は盲目的な国民感情（たとえば英仏両国民の間の憎悪など）、第四は、暴君が自己の権力を保ち続けるため、ときには扇動者を使ってまであえて起こす戦争（なぜなら、暴君は民衆があまりに強力となると、自分の地位が危うくなるから）である。さらに彼は、戦争によってのみ繁栄するある種の人びとがあることを指摘し、また神の名において戦争を企てる者があることも忘れない。このエラスムスの分析は、多くの点で、今日にも十分通用するものがあると言えるだろう。

それでは、そのような原因によって起こる戦争をなくすにはいったいどうしたらよいか。その方法としてエラスムスは、きわめて男性的に、いくつかの具体的な提案を行なっているが、ここでもわれわれは、多くの傾聴すべき重要な考えを見出すことができるであろう。

第一に彼が提案するのは、諸国民のあいだのお互いの理解を深めて、盲目的な国民感情を修正することである。すなわち、たとえ国が違っても、みな同じキリスト教徒だという感情を育てることである（ここで彼は、「みな同じ人間だ」と言ってもよかったであろう）。第二は各国の国境を明確にして、それを固定化すること、第三は、王位継承の優先権順序をはっきり決めておくこと、第四は、君主が自分だけの意志で戦争を開始することができないようにしておくこと、すなわち戦争はあらゆる国民を捲きこむ重要なことであるから、国民全体がそれを承認しなければならない（これは、今日のシヴィリアン・コントロールの思想に通ずるものであろう）。そして最後に彼が主張するのは、戦争を否定するため、教育、キリスト教の精神、教会の権威、一般の世論等、あらゆる精神的、道徳的力を用いることである。

もちろん、以上はエラスムスの思想をいささか単純過ぎるぐらいに要約したものであって、『平和の訴え』そのものは、豊かなレトリックによるはるかに迫力に満ちた文章になっている。エラスムスは『痴愚神礼讃』において、鋭い人間観察と深い人間への理解にもとづいて、その華麗な文才を思いきって展開してみせたとすれば、『平和の訴え』は、彼がその卓越した筆力によって自己の思想を明確に表明したものと言うことができるであろう。事実、いちばん最後に、「痴愚女神」が「私は訴える」という言葉を繰り返して、君主、司祭、神学者、その他あらゆる人びとに呼びかけるクライマックスの部分は、ゾラのあの「私は弾劾する」を思わせるドラマティックな迫力すら持っているのである。

第11章
嵐のなかの生涯

学芸復興への希望

晩年のエラスムスを待っていたものは、彼自身がそのように望み、そしてある程度までは実際に期待したものと大きく違っていた。もちろん優れた古典学者として、また聖書学者としての彼の名声は、すでにヨーロッパにおいて隠れもなかったし、それにふさわしい栄誉と尊敬に欠けてもいなかった。イタリア旅行から戻ってからは、何年かごとに転々と住居を移して、ひとつの場所に長いこと腰を落着けることのなかったエラスムスであるが、フライブルクにいてもバーゼルにいても、彼の許を訪れる学者や聖職者は後を絶たなかったし、当時のヨーロッパの最も強力な君主たちは争って彼と文通を求め、時に彼自身を招こうとした。彼の許には、ヨーロッパのいたるところから贈り物が届けられた。ハンガリーの麻布やポーランドの毛皮、銀のコップや金の塊、カンタベリーの大司教からの贈り物である馬やケルンの修道尼から贈られたお菓子などが、毎日のように彼の許にもたらされた。彼は文字通り、当時のヨーロッパに君臨する精神界の王者であった。

しかしエラスムスは、彼にとって何よりも望ましいことに相違なかった落ち着いた読書と著述の生活に没頭することはできなかった。彼があまりにも有名になり過ぎたという事情のほかに、時代の激しい動きがそれを許さなかったのである。すでに見たように、彼にとってあれほどまで長いあいだの憧れであったイタリア旅行は、決してよい思い出を彼に残さなかったが、しかしその長い生涯を改めてふり返ってみれば、ヴェネツィアのアルドゥスの許で、『格言集』増補版の執筆と校正に朝から晩まで目の回るほど追い回されていた数カ月や、ローマで学問好きな枢機卿たちの図書室へ自由に出入りすることができた時期が、あるいはエラスムスの生涯で最も幸福な時だったのかもしれない。

もっとも、イタリアから戻ってしばらくのあいだは、エラスムスは、一時的には自分の望んでいたような時代がやって来たと思いこんでいた。少なくとも『キリスト教君主教育』や『平和の訴え』を書いていた頃は、エラスムスはヨーロッパの情勢に関して、きわめて楽観的な見方をしていた。彼がイタリアに滞在していた時は、聖職者というよりは武人にふさわしいあの教皇ユリウス二世の支配していた時で、しかもたまたまイタリアに着いて間もなく、一五〇六年に、血なまぐさい剣をかざしてボローニャに入城して来たその教皇の姿をエラスムス自身、自分の眼で見ているだけに、そのユリウス二世に対する彼の反感は強かったが、ユリウス二世に続いて登場して来た「学芸の保護者」レオ十世（一四七五－一五二一）は、エラスムスには、少なくとも最初のうちは理想的な教皇のように思われた。事実、レオ十世の登場に呼応して、ヨーロッパの各地において、明らかに学問の復興の動きが見られた。オックスフォードにおける医学、パリにおける法律学、バーゼルにおける数学の研究の隆盛を現実に見たり、人伝てに話を聞いたりしたエラスムスは、彼の得意とする古典語への関心がいよいよ高まってきたこととあわせて、今こそようやく学問の黄金時代がやって来たと感じたに相違ない。

一五一六年二月二十六日、つまり、あのルターの登場するわずか一年前に、エラスムスはアントヴェルペンから、「三つの古典語に精通したハーゲナウの著名な神学者、ヴォルフガング・ファブリチウス・カプート」に宛てて、次のように明るい希望に満ちた手紙を書き送っている。

今や私は、この地上の最も強大な君主たち、すなわちフランスの国王フランソワ、カソリックの国王カール（シャルル）、イギリス王ヘンリー、そして皇帝マクシミリアンがあらゆる戦争の準備を一挙に縮小して、私の望むところである、今後破れることのない堅い平和の条約を締結したのを見たので、道徳的な美徳やキリスト教の信仰のみならず、腐敗から浄化された真の学問と美しい研究がふたたび甦り、花開くようになるだろうということを確信をもって希望することができると思います。特にその同じ目的が、世界の各地において同じような熱心さで推進されているのですから、なおのことそうです。すなわちローマにおいてはレオ教皇によって、スペインではトレドの枢機卿によって、イギリスでは、彼自身侮るべからざる学者であるヘンリー国王によって、ここでは見事な天賦の才に恵まれた若いカール国王によって、フランスでは、まさにこのような事情のために生まれて来たともいうべきお人で、美徳と学問に優れた人びとを世界中から招き集めるために莫大な財宝を投げ出そうとするフランソワ国王によって、ドイツでは、多くの優れた君主や司教たち、特に、年老いてすでに長い間の数多くの戦争に倦み、今や平和の芸術のなかに休息を見出そうとするマクシミリアン皇帝によってそれは推進されているのです……。

エラスムスは、だからあらゆる学問がこれまでよりもはるかに純粋な、はるかに真実な姿でこの世に甦ってくるに違いないと、最大級の言葉を使って学芸の復興の希望を述べているのである。もちろん、だからと言ってこの手紙の文言をすべて額面通りに受け取らなければならないということはない。『痴愚神礼讃』において、あれほどまで透徹した人間性への洞察を示したエラスムスが、「見事な天賦の才に恵まれた若い国王カール」や、「美徳と学問」のために「莫大な財宝を投げ出そうとするフランソワ国王」の政治的な野心に気がついていないわけはない。ここで、エラスムスがやがて起こるべきカール五世とフランソワ一世の血なまぐさい抗争や、カール五世の軍隊による「ローマの掠奪」を予想していなかったといって、彼を責めるのは当たらないであろう。エラスムスがこの手紙で述べているのは、現代の認識という以上に彼自身の心の強い願いだったからである。（それに当時のエラスムスは、ヨーロッパの知識界、貴族界においては、いわば万人に注目される「スター」であったことも忘れてはならない。彼の手紙は、たとえ私信であってもしばしば公開され、人びとの話題となった。もちろんエラスムス自身、そのことを十分に心得ていたのである）。

嵐の前の静けさ

しかしそれにしても、エラスムスがこの手紙を書いた時期は宗教改革とそれに続く宗教戦争という激しい嵐の直前の、いわば束の間の静けさの時期であった。エラスムスは、その静けさがずっと続くことを願っていたのであろう。そして、たしかにその時は、まだ希望があった。

だがそれから二十年後、一五三五年、すでに六十六歳のエラスムスが、著名な古典学者であり、フランソワ一世の創設したコレージュ・ド・フランスの教授でもあったバルトロメオ・ラトムスに宛ててバーゼルから書き送った手紙には、もはや暗い時代への色濃い絶望しかない。

……多くのフランスの貴族たちが、冬の嵐を恐れてここから逃げ出して行きました……。同じような恐怖は、理由は違うものですが、イギリス人たちのあいだにも広まっています。何人かの修道士たちが首斬りに処せられました。そのなかのひとり、聖ブリジット会のある修道士は、地面を引きずり回された上、絞り首にされ、さらに水に溺れさせられてから八つ裂きにされました。また確実な噂では、ロチェスターの司教がパウルス三世によって枢機卿に選ばれたという報せがあったので、国王は早速彼を牢獄から引きずり出して首を斬ってしまったということですが、大いにありそうなことです。これが緋の冠を与える国王流のやり方なのです。あのトマス・モアも長いこと牢獄に入れられており、その財産はすべて没収されているということも事実です。しかも、彼もまた処刑されたという噂が広まっていますが、まだ私は確かな報せは受け取っていません。……以前には、時々私に手紙や贈り物を恵んでくれた友人たちも、今では後難を恐れて何も送って来ませんし、手紙も書いてくれません。そして彼らは、誰からも何も受け取ろうとしません。まるであらゆる石の下に蠍《さそり》が眠っているとでもいう具合に、疑心暗鬼に捉えられているのです……。

エラスムスほどの知性が、もはや友人たちとも自由に文通できないというこのような状況が、彼にとってどんな重苦しいものであったか、われわれには十分想像がつくだろう。そしてそれは、当時の知識界一般の状況でもあった（上に引いた手紙で、エラスムスは年来の友人トマス・モアの処刑の噂に触れている。この手紙が書かれたのは八月二十四日のことで、その時点では、彼はまだ「確かな報せを受け取って」いないが、事実モアはそれより一カ月以上も前の七月六日に、すでに刑に処せられていた）。一五一六年のあの手紙の、あの明るい希望に満ちた調子から、一転して一五三五年のこの絶望的な手紙への移り変わりは、そのままエラスムスの生きた晩年の二十年間の時代の暗さを物語るものにほかならなかったのである。

ルターを弁護する

その暗い時代の幕を切って落としたのが、一五一七年のルターの「九十五カ条」であったことは言うまでもない。もちろんそれは、必ずしもマルティン・ルターというひとりの個性だけの力によるものとは言い切れない。ある意味では、それは時代の全般的な空気にほかならなかった。教皇庁のやり方に対する批判は、陰に陽にすでに明らかであった。エラスムス自身、その最も尖鋭な批判者のひとりであったことはすでに見た通りである。もしかしたら、当時からすでにそう囁かれていた通り、ルターは「エラスムスの生んだ卵をかえした」だけであったかもしれないのである。

事実、少なくともはじめのうちは、エラスムスの考えはルターとそうひどくかけ離れたものではなかった。むしろエラスムスは、一五一九年五月三十日にルターに宛てて送った手紙においても、また同じ年の四月十四日に、ルターの君主であったフリードリッヒ賢王に宛てて送った手紙においても、ルターに対してきわめて同情的であり、特にフリードリッヒ賢王宛の手紙では、はっきりとルターを擁護している。そしてもちろん、この場合でもエラスムスは、自分の手紙が公開されるだろうということをよく承知していた。それを十分に承知の上で、彼はあえてルターを弁護したのである。

ただし、その弁護の仕方はいかにもエラスムス的であった。いずれの場合においても、彼はルターの考え方そのものを弁護したのではなかった。それどころか、彼はフリードリッヒ賢王に宛てては、「……私は彼の著作はほんのわずかしか覗いていないので、彼の意見については何も言うことはできません」と言っているし、またルターに宛てた手紙においても、「あなたは私にとってはまだ未知の人であり、あなたの著作も読んでいないので、そのなかに書かれている事柄については、賛成でも不賛成でもないのです」と書いている。一五一九年という時点において、エラスムスがルターの書いたものを何も読んでいないということはちょっと考えられないことだが、ここにはエラスムス一流の論理がある。すなわち、彼はルターの考えが正しいか否かということよりも、彼をむりやりに沈黙させようという教会のやり方に反対して、意見表明の自由を擁護しているのである。そのためには、ルターの意見に賛成であるというよりもその中身はよく知らないと言った方が、党派性が少ないだけにいっそう説得力があると考えたのだろう。もちろんそれと同時に、すでに分裂の様相をはっきり見せはじめている教皇庁とルターとの争いのどちらにもコミットしたくないという慎重な配慮もあったには違いないが、何よりも彼はこの時点においては、何がなんでも反対の声を封じ込めようとする教皇庁の非理性的な態度を強く批判したのである。

したがって、その後ルターの方が「狂信的」になってからは、逆にエラスムスはルターをたしなめる役に回っている。そのような態度が、どちらの側からも彼を疑わしい存在と思わせたことは争えない。それは、ある意味では狂信の時代におけるユマニストの宿命とも言えるかもしれない。エラスムスより半世紀ほど遅れて生まれた、もうひとりのユマニストであるフランスのモンテーニュ(一五三三―九二)も、「自分は教皇派からは皇帝派だと言われ、皇帝派からは教皇派だと非難される」と嘆いている。

ツヴァイクの見たエラスムス

エラスムスのこのような運命を、重戦車のようにまっしぐらに目的に向かって突き進むルターの行動的なエネルギーと対比させながら見事に描き出したのが、シュテファン・ツヴァイクの有名な『ロッテルダムのエラスムスの勝利と悲劇』(一九三四年、以下『エラスムス』)である。ツヴァイクはこう書いている。

人間の本性をよく見ぬいている理想主義者、人びとのあいだに最終的には統一がもたらされることを信ずる者は、彼らのその仕事が絶えず非理性的な情念によって脅かされているという事実に眼を塞ぐわけにはいかない。彼らは、ファナティスムの水門がつねに押し開けられる危険に瀕しており、すべての人間の心の奥底に横たわっている原初的な本能の力に押し流されて、非理性的なものの流れがあらゆる障壁を打ち壊し、その前に立ちふさがるすべてのものを覆いつくし、破壊し去ってしまうということを、いやでも認めないわけにはいかない。ほとんどあらゆる世代が、このような歴史の逆流を経験している。そのような時には、災難が収まって平静さが回復されるまで、頭を冷静に保ち続けることがすべての人の務めなのである。

そのような嵐と圧力の時代に生きねばならなかったということが、エラスムスの悲劇的な宿命であった。人間のうちでも最も非狂信的で、また最も反狂信的な人であった彼は、国家の枠を越えた理想がしっかりとヨーロッパの思想家たちを捉えていた時代に生きながら、かつて歴史上に見られた最も粗暴な国家的、宗教的集団情念の爆発の目撃者とならなければならなかったのである……。

ツヴァイクのエラスムスに対するこのような関心は、もちろん彼の生きていた時代の雰囲気とも無関係ではなかったろう。ツヴァイクのこの『エラスムス』が一九三四年に刊行されたということは、決して偶然ではない。それはツヴァイク自身が、かつてのエラスムスのように、「かつて歴史上に見られた最も粗暴な国家的、宗教的集団情念の爆発の目撃者とならなければならなかった」ような時代を生きなければならなかったからである。いやむしろ、ツヴァイクは自己の生きている時代の運命を、あまりにもそのままエラスムスの時代に投影していたとさえ言えるかもしれない。それならばこそ彼はわずか三年ほど後に、かつてエラスムスが受けたと同じような非難を、優れたマルキシズム美学者ゲオルグ・ルカーチから受けねばならなかったのである。

事実ルカーチは、その『歴史小説論』のなかの「民主的ヒューマニズムの歴史小説」のなかで、ツヴァイクの『エラスムス』に触れて次のように書いている（ルカーチの『歴史小説論』は、ドイツにおいては第二次世界大戦後になってようやく刊行されたものが、しかしすでに一九三七年に、モスクワにおいてロシア語版が刊行されている。なお、改めて断るまでもないが、ツヴァイクの『エラスムス』は「伝記」ではあっても「歴史小説」ではない。それにもかかわらずルカーチがわざわざツヴァイクの作品に言及していることは、ツヴァイクの『エラスムス』がいかに「時事的」なものであったかということを、逆の面から裏書きしてくれるものである）。

ツヴァイクは……、彼がエラスムスの人物像のなかにあれほどまで愛情をこめて描き出した昔ながらの古めかしいヒューマニストという人物タイプは、民衆の生活の問題から眼をそむけているゆえに当然敗北すべき運命にあるのみならず、ヒューマニズムの基本的な問題に関する限り、自己の思想を民衆の生活との生きた接触から導き出すことができるだけの勇気と能力を持った人びとに比べて、いっそう限られた視野しか持てず、したがっていっそう低いレヴェルにあるという結論を率直に認めるだけの勇気に欠けていた……。

ツヴァイクがエラスムスの時代に自己の時代の運命を投影して見ている以上、ツヴァイクに対するルカーチのこの批判は、そのままエラスムスに対するそれでもあったろう。事実ルカーチを待つまでもなく、エラスムスに対して、その「行動力の不足」や「臆病さ」や「貴族趣味」を非難する声は、彼が生きている時代から少なくなかった。そしてツヴァイクの描き出したエラスムス像が、ほとんど戯画的なまでに「野人」として描き出されたルターと対照的に、あまりに「貴族的」になり過ぎていることは否定できないとしても、エラスムスにそのように思われる面があったこともたしかである。事実エラスムスは、当時のヨーロッパの最強の君主たちと対等のつき合い方をしており、「民衆の生活」とは無縁のような優雅なラテン語をあやつり、疫病とか戦争の噂が近づくと、さっそくにそれまで住んでいた町を見棄てて別の町に移った。そのような彼の生活態度が特に「不甲斐ない」ものと思われたとしても、あるいはやむを得ないことであったかもしれない。

「世界市民」でありたい

しかしエラスムスのそのような一見「逃避的」な生き方を、単なる優柔不断とか、あるいは臆病と見るのは、おそらく当たらない。彼自身、生まれつき体が弱かった上に、およそあらゆる種類の闘争を嫌悪する彼の性格がそのような行動をとらせたひとつの理由ではあったに違いないが、それ以上に、そこには彼なりの信念があったはずである。その点では、エラスムスのその「逃避的」行動を「世界市民」としての彼の理念の表われと見るアルバート・レヴィの見解（『ヒューマニズムと政治』一九六九年刊）は、考察に値するものと言ってよい。

事実、エラスムスはそうしようと思えばできないことではなかったのに、あえて意志的に一カ所に定住することを拒否したのである。一五二二年九月五日付のツヴィングリ宛ての彼の手紙は、そのことについてきわめて明快に述べている。

私は何よりも世界の市民、あらゆる国の共通の友、そしてそれ以上にあらゆる国の臨時の滞在者と呼ばれたいと思います。

また別の手紙においては、友人のユマニストに宛てて、「あなたは、私が一カ所に落ち着いて住みつく方がよいと言われます。私も老年になった以上、それは当然のこととも言えましょう。しかし、ソロンやピタゴラスやプラトンの度重なる旅行は讃美の的となっていますし、使徒たちも、特に聖パウロは放浪者でした。聖ヒエロニムスも、ある時はローマに、ある時はシリアに、さらにはアンティオキアにと、移動し続けました……」と書いて、自分もまたその先人の跡に倣いたいという意向をほのめかしている。おそらく冷静な観察者であり、絶え間ない研究者であり、しかも公正な審判者であるためには、それが唯一の手段であったろう。

宗教的な分裂とともに国家的な利害が絡まりあっているこのような時代においては、エラスムスのような人が、たとえばどこかの君主に招かれてそこに腰を落ち着けるというそのことがすでに「党派的」なものとなるおそれがあった。ツヴァイクが正当に見抜いていたように、エラスムスにとって、宗教的な党派心と同じように、国家的な党派心も危険なものであった。

彼はフランスの代表的なユマニストであるギョーム・ビュデに宛てて、「あなたが非常に愛国的だということは、ある人びとにとっては讃美されるべきことであり、またすべての人びとにとって許されるべきことでありましょう。しかし私の考えでは、人びとに対しても物事に対しても、この世界を、すべての人を共通の祖国と見なして行動する方がいっそう原理にかなったことと思われます」と書き送っている。彼は近代国家の成立期において、早くも国家という怪物のもたらす危険を見抜いて、その危険を避けるために、「人間性」ということに基礎を置いた「世界市民」の理念を主張しようとしたのである。

彼に「貴族趣味」の疑いを抱かせる理由となったラテン語への偏愛も、おそらく同じような意味を持っていたはずである。むろん若い頃から古典文学に親しんでいた彼が、そこに文学的な喜びを見出していたことは否定できないが、しかし古典文学に対する彼の愛着も、そこにこめられた「人間性」への信頼に裏づけられていた。そして現実の問題として、十六世紀という時代において「世界市民」として共通の言語を探すとすれば、それはラテン語以外にはあり得なかった。

彼にとってはラテン語は「貴族趣味」どころか、万人に語りかける手段であった。文字通りの「共通言語」としてのラテン語にかけた彼の情熱は、印刷術に対して抱いた情熱と同質のものである。ただ印刷術の方は、エラスムスの時代から新しい未来を持つこととなったが、ラテン語の方は、まさに同じ時に「生きた言語」としての生命を失うことになった。それが強力な近代国家成立と時期を同じくしているのも、決して偶然ではない。「世界市民」であることを強く願ったエラスムスが「ロッテルダムのエラスムス」として知られるようになったという歴史の皮肉のなかに、おそらく彼の最も大きな悲劇があったのである。

第12章
自由意志論争

『自由意志論についての評論』――ルターへの反対表明

一五二四年、エラスムスは『自由意志論についての評論』と題する一書を公けにした。これは、エラスムスがルターの考えに対して正面から反対を表明した最初のデモンストレーションであった。事実それは、当時の状況においては、何よりも「デモンストレーション」としての効果を持った。つまり、それまでキリスト教世界を二分するようなルター派とローマ教会との対立においてきわめて曖昧な――とほとんどすべての人びとから思われてきた――立場を取り続けてきたエラスムスが、これによってはじめて反ルターという旗幟《きし》を明らかにして見せたのである。

そのことは、エラスムス自身必ずしも望んだことではなかった。彼はペンの上での論争は好んでこれを行ない、時には随分激しい筆致で相手を批判攻撃することはあったが、政治的な問題に捲きこまれることは決してせず、ましてある党派の代弁者になることなど、およそ彼の嫌悪するところであった。これほどまでに激しい対立の時代において、いやそのようにはっきりと対立した考えが支配的な時代であったからなおのこと、彼はあくまでも自己の精神の独立を守り抜こうとした。彼は論争をするにしてもグループには与せず、どこまでも自分ひとりでやろうとする人であった。

しかしこの時代に、宗教的な論争をして、しかもどちらかの党派に加わらないということはきわめて困難であった。たとえどんな神学上の問題を論じても、そこには政治的意味合いがついてまわった。ましてエラスムスは、新約聖書の校訂や教父たちの思想の注釈においてすでに優れた仕事を多く残しており、豊かな人文主義的教養と神学上の知識によってヨーロッパの精神界全体に君臨していた人である。彼の発言は、政治的、社会的に大きな波紋をまき起こさずにはいなかったろう。そのことを、エラスムスは十分に承知していた。

それなればこそ彼は、ルターの問題についてはできるだけ態度を曖昧にしていたのである。もちろん最初のうちは、エラスムスといえども、ルターの「九十五カ条」があれほどまで大きな対立に発展するとは考えていなかったという事情はあったろう。エラスムスに限らず、ローマ教会の内部においても、はじめはそれは修道会同士の争いぐらいにしか考えていなかった（アウグスティヌス修道会の修道士であったルターが、ドメニコ修道会の免罪符販売を攻撃したからである）。

一五一九年という時点において、エラスムスにとって最も重要な関心事となっていたのは、聖書の本文校訂についてイギリス人のエドワード・リーとのあいだにかわした論争であった。しかしそれから二年後、ルターに正式の破門状が発せられ、ウォルムスで国会が開かれて、そこでルターが審問されるという状態にまで事態が発展した時には、事の重大さはすでに誰の眼にも明らかであった。それでもエラスムスは、あえてその対立に捲きこまれることはしなかった。

「立ちあがら」ないエラスムスへの不満

彼のそのような「優柔不断」な態度が、結局ルター派とローマ教会派との双方に期待と不満をもたらす結果になった。実際、どちらの派にせよエラスムスの権威を自分たちの味方にすることができたらどれほど力強いことかと考えるのは、当事者たちにとって当然のことであったろう。

教皇ハドリアヌス六世(一四五九-一五二三)はエラスムスに手紙を送って、ルターの異端の説を論破できるのはエラスムスしかいないから、教会のためにルターへの反論を書いてほしいと頼んだ。いや教皇のみに限らず、エラスムス自身ツヴィングリに宛てて書き送っているように、「教皇からも皇帝からも、諸侯や君主たちからも、学識優れた友人たちからも」同じような要請を受けていた。

しかし一方、ルター派の人びとも、エラスムスがルターの弁護に「立ち上がる」ことを期待していた。一五二一年、先に触れたウォルムス国会の帰りにルターが反対派に襲撃されて殺されたというニュース——もちろんそれは誤報であったが——が伝わった時、ルターの支持者のひとりであった画家のアルブレヒト・デューラーは、「キリストの騎士」エラスムスがなぜ立ち上がらないのかとその日記に書きつけたほどである。

このような双方の陣営からの「期待」は、当然、「立ち上がら」ないエラスムスに対する不満ともなって表われた。ローマ教会の内部ではエラスムスはルター派だという非難が強まり、ルター派の方でも、たとえばフッテンのようにエラスムスに激しい批判を浴びせる人びとが登場してきた。エラスムスは、いわばどちらの側からも旗幟を鮮明にすることを迫られていたわけである。したがって、『自由意志論』は内容がいかに神学上の問題に限定されているとしても、当然に政治的効果を持たざるを得なかった。南ザクセンの支配者であったゲオルグ大公が、エラスムスがこの論文をもう三年早く書かなかったために、あらゆる種類の混乱が起きたと言ってエラスムスを非難したのも、ここに至ってやっとエラスムスが反ルターの立場を明らかにしたと受け取ったからこそなのであって、議論の内容よりもその立場の宣言の方が大公にとっては重要な意味を持っていたのである。

もちろん明敏なエラスムスは、そのような周囲の状況を百も承知であった。百も承知であったからこそ、彼は三年でも何年でもそれを遅らせようとしたのである。エラスムスがルターに対し、長いこと自分の態度を明らかにしなかったということは、当時の両陣営の人びとのみならず、後世の人びとにとってももどかしいことであった。この点に関しては、ホイジンガでさえ、それは「最終的な結論を抽き出すことを望まない、あるいはそれができない」エラスムスの生まれつきの性向の表われであって、それこそが彼の「全人格をつらぬく悲劇的な欠陥」であると言っている。

しかしこの対ルターの問題において、エラスムスにあれほどまで長いあいだ態度決定をためらわせたものは、彼の性格の「欠陥」であるよりも、やはり自由な思想家でありたいという彼の強い意志であったように思われる。「最終的な結論を抽き出すことを望まない、あるいはそれができない」ところに、エラスムスの思想的態度の特性のひとつが見られることは明らかであるとしても、それは彼の生まれつきの「欠陥」であるよりは、むしろエラスムスの思想の根本と結びついているものであった。少なくとも、そこに彼の「気質」を読み取ることができるとしても、それは彼の精神の内部においては、柔軟でしかもしぶとい理性によって支えられていた。そのことは『自由意志論』における彼の論理の進め方においても、はっきりとうかがうことができる。ルターの登場する以前から平和の訴えを叫び続け、ルターとの論争に心ならずも捲きこまれるようになってからでも、繰り返し **concordia, concordia**（**concordia** はラテン語で調和、相互理解の意）と訴え続けたエラスムスにとっては、キリスト教世界を分裂させ、対立させるような「最終的結論」は無用のものであった。

「同信のキリスト教徒と相争うよりも、キリストの心を注ぎ入れる方がはるかに大切」だと考えるエラスムスは、「教会の擁護」のために異端者ルターを断罪せよという教皇やその周囲の人びとの要請に対し、心のなかでひそかに、憎しみや争いをもたらして何が「教会の擁護」かという、憤りにも似た激しい思いをじっと噛みしめていたに相違ないのである。

「自由意志」をめぐって——ルターとの論争

事実そのために、エラスムスは、その対立と抗争にあえて油を注ぐような「最終的結論」は、いかに強く要求されても断固としてこれを拒み続けた。一五二一年十月、四年間の滞在の後にルーヴァンを去ってバーゼルに移るようになったのも、ひとつには新約聖書の新しい版の刊行やそのほかの出版活動の仕事があったからではあるが、何よりも、ルターに対して最も尖鋭に反対の態度を示すルーヴァンの人びとの狂熱に捲きこまれないためであった（そして事実、一五二〇年六月、教皇レオ十世がルターを異端者と宣告し、彼がその異端説を撤回しない限り破門するという勅書を発令したのは、ルーヴァン大学の神学部が提供した告発資料にもとづいてのことであった）。

双方の対立がもはやどうしようもないところにまで来て、エラスムスがついに『自由意志論』の筆を取るまで、彼が望み続けたものは和解であった。最初のうちは、彼は必ずしもルターに同調するのではないと断りながらも、ローマに対してルターを弁護し続けた。エラスムスの論理は、たとえルターの思想を容認しないとしても、そのために彼を断罪し、分裂をもたらしてはならないということであった。ここにわれわれは、後の啓蒙主義の時代にまでつながる彼の「寛容」の精神を見ることができる。彼は聖書の校訂に関して、多くの神学者たちと時にきわめて激しい口調で論争した時でも、相手の言い分に認め得る点があればこれを認め、ヘブル人への手紙の読み方についての論争でジャック・ルフェーブルから「不敬」の非難を受けたときでさえ、それに反論しながら、後に彼の方から和解の手紙を送っている。

それに思想的内容から言っても、少なくとも最初のうちは、エラスムスはルターに反対すべきものを持たなかった。ルターの言葉遣いが時に粗暴に過ぎるということを別にすれば、免罪符に対する攻撃でも教皇の権威に対する批判でも、エラスムスにとっては十分に首肯し得るものであった。それどころか、エラスムスは『痴愚神礼讃』において、すでに同じような批判を行なっている。エラスムスが時にルター派だと見られたことも、必ずしも根拠のないことではなかった。それだけに、最初は和解させようとし、次いで沈黙し、いよいよ最後に筆を取らなければならなくなった時には、ルターと見解を異にする最も本質的な論点を取り上げなければならなかった。

このようにして、ヘンリー八世によって示唆されたという「自由意志」の問題が、エラスムスとルターの対決のテーマとなることとなったのである。われわれはここでも、党派的争いをできるだけ避けようとする思想家エラスムスの良心を見ることができるだろう。

エラスムスのこの態度は、少なくとも当面の論敵であったルターには正当に受け取められた。ルターは『自由意志論』の刊行された翌年、さっそく『奴隷意志論』を書いて逐一エラスムスの議論に反駁を加えたが、しかしそれでも、エラスムスが問題を提起するにあたって、免罪符とか教皇制とか煉獄のような些末なことでなくて、最も本質的な重要な問題に正面から触れてきたことを感謝した。ただ、「最も本質的」な問題にかかわるものであっただけに、ルターの反論はきわめて手厳しいものであった。エラスムスは、さらにそれに対して、あらためて『反論』を発表した。

問題となったのは、エラスムスの論文の標題にあるように、救いに至るために人間の自由意志は何をなし得るかということであった。救いはすべて神の恩寵によると確信していたルターは、人間が自由意志によって、何か善い行ないをすることによって救いへの保護を得るという可能性を完全に否定した。ルターによれば、原罪を背負った人間は、自由意志のなし得る最大の善をなす時でもなお致死的な罪を犯すものであり、どんなに偉い聖人といえども、自己の善行によって救われるものではないと主張した（ルターのこの主張が、聖人というものは自己を救い得る以上に多くの徳行を積んでいるから、その余った功績をいわば積立てておいて、功績の少ない人に配分するのだという免罪符の論理を根底からくつがえすものであったことは、改めて指摘するまでもない）。それどころか、神の前に功績を得ようという目的でなされるなら、善行すらも「罪」であるとルターは断言したのである。

それに対してエラスムスは、人間は不完全な存在であり、自由意志によって行ない得る善はきわめて微々たるものではあるが、それに対して、恵み深い神は特別な報いを与えるのだと主張した。つまり、人は、わずかながら自己の救いを得るために神と協力するのである。

人間の救いは神から絶対的、一方的に来るものであるか、あるいは多少なりとも人間と神との協働によるものであるかというこの議論は、神学的に言うなら、ローランド・ベイントンの指摘する通り、「人間の自由」というよりもむしろ「神の全能」の問題であったのかもしれない。しかし門外漢の私には、神学上の問題を云々する資格はない。むしろ私がこの論争で興味を引かれたのは、それぞれの論文での議論の立て方や、その内容を通して明らかとなってくるこのふたりの思想家のものの考え方、ことに真理についての考え方の決定的な差である。それは、このふたりのキリスト者が――性格的には正反対でありながら――信仰についての考え方の上ではきわめてよく似ているものを持っていただけに、その違いはいっそうはっきりとクローズアップされて、われわれの眼の前に提出されてくるとも言えるほどである。

この論争で問題となったのは、信仰の有無でもなければ信仰の質の違いでもなく、同じような信仰の内部における解釈の違いであった。ふたりはともに敬虔な信仰の持ち主であり、いずれもその信仰の拠りどころとして聖書の言葉を引用した。聖なるテキスト、神の言葉としての聖書の価値は、エラスムスにとってもルターにとっても絶対であった。そのことは、エラスムス自身『自由意志論』のなかで明確に述べている。「ここで問題となっているのは、聖書の価値ではない。事実どちらの側も、同じ書物を受け取り、崇めている。議論は、その聖書の意味にかかわっているのである」。

聖書学者エラスムスの方法

エラスムスはさらに、同じ『自由意志論』の冒頭において、彼自身の議論の目的は「真理を、もし出来ることならいっそう明らかにしてみせること以外にはない」と宣言し、ルターとの論争が、「真理の進歩」にとって好ましい結果をもたらすものであることを願っていると述べている。したがって彼の議論は、もちろん党派的な対立や分裂を深めるための政治的意図を持った非難攻撃の論ではなく、それどころか相手を説き伏せようとするものですらなかった。エラスムスは「実際にしばしばその例が見られる通り、白熱した議論の最中で真理を見失ってしまうことなく、いっそう確実に真理に達するため」激しい言葉はいっさい使わないとさえ言っている。そして事実、エラスムスの礼儀正しい議論に対しては、ルターも十分礼を尽くして応酬しているのである。

それゆえエラスムスにとっては、「真理を明らかにする」ことが当面の課題であった。そのためにはどうすればよいかという方法論も、エラスムスははっきりと述べている。それは、さまざまのテキストとさまざまの議論をつき合わせ、対照させるという人文主義的方法である。なぜなら「このような探究法は、これまでにもずっと、学者にとっては特に推賞すべきものと考えられて来た」からなのである。「私は聖書の言葉どうしをつき合わせることにより、あたかも火うち石をぶつけ合わせると火花が飛び出すように、そこから真理が飛び出してくることを信じて疑わない」という彼の言葉は、優れた聖書校訂者であり、ユマニストであったエラスムスにまことにふさわしい。

　事実、エラスムスが聖書の翻訳や校訂というような地味な仕事に大きなエネルギーを注いだのも、まさしく「テキストどうしをつき合わせる」ことによって、そこから真理を生み出させるためであった。さまざまな写本を比較検討しながら正しい本文を探りあてていくという校訂者の作業は、聖書のなかのいろいろな章句を比較検討しながら真理を探し求めていくというエラスムス流の神学者の作業ときわめてよく似ている。そのためには正確な聖書のテキストがなければならないから、彼はまず聖書の仕事を行なったわけであるが、その聖書のなかに隠されている真理を明らかにしていく上で、エラスムスは初期教会の教父たちや諸教皇や、数々の宗教会議などに見られる証言をも自由に利用する。のみならず彼は、古代ギリシア・ローマの異教の思想家たちの言葉をも援用するのである。(古典古代を愛好していたエラスムスは、異教徒たちに対しても深い尊敬の念を抱いており、『対話集』のなかに「聖ソクラテスよ、わがために祈れ」と書いて、不敬の疑いを招いたほどであった)。

　すなわちエラスムスによれば、「真理」は聖書のなかに隠されているのであり、われわれはわれわれの「理性」によってそれを探り出さなければならないのである。なるほど原罪はわれわれの理性を曇らせてはしまったが、完全に「消滅させ」てはいない。われわれ人間のなかには、「判断の支えとなるこの魂の力」がまだ残っている。その力は「ヌース、すなわち精神または知性」と呼んでもよいし、「ロゴス、すなわち理性」と呼んでもよいが、いずれにせよその知性、または理性を武器として、われわれは聖書の言葉の意味を探ることができるというのである。

もちろんエラスムスは、神の意志のなかに人間の理性の力の及びもつかぬ部分のあることは、当然のことながらこれを認める。「われわれ人間がそれ以上、中にはいることを神が望み給わぬような領域」というものがあって、その場合には人間がいかに力を尽くしても、「神の知の測り知るべからざる荘厳さと人間精神の弱さ」とをあらためて確認するにとどまる。このような領域に属することについては、人間は慎しく自己の無力を認め、すべてを神に委ねて、ただその神秘を崇めなければならない。しかし、そのような「あらわにされ得ない真理」に対して、人間の理性の努力によって「あらわにされ得る真理」もあるのである。

多数の理性との連帯

われわれはエラスムスのこのような考え方のなかに、人間の「理性」にあくまでも信頼を置こうとするルネッサンスのユマニスム精神の表われを、もう一度見てとることができるであろう。しかも、その「理性」はエラスムス個人、ないしは誰かただひとりの「理性」であるのではなく、多くの人びと――エラスムスの場合、キリスト以前に生まれた異教徒たちをも含めて――の「理性」であり、したがって、それによって人間同士のあいだの連帯性が保証されるようなものであった。事実、そのような連帯性への信頼がなければ、「さまざまのテキストとさまざまの議論をつき合わせ、対照させて、真理を飛び出させる」という作業は行なわれ得ない。真理の探究は多くの「理性」のいわば共同作業であり、それには異教徒の人びとですら参加することができるのである。

逆に言えば、エラスムスはそれほどまで人間の「理性」を重んじていたということになるだろう。多くの教父たち、学者たち、教皇や神学者たちによって良しと認められることが、「真理」の保証となるのである。彼が古代の格言や諺にあれほどまで興味を抱いてそれを集めたのも、格言や諺というものは多くの人びとによって認められた真理であり、いわば「人間の知恵」の結晶であるからにほかならなかった。

しかし、もし聖書の「真理」というものが、そのように人間の理性の判断の適用によって良しと認められた解釈ということになれば、それはいわば本文校訂の真理であって、絶対的な「真理」ではない。本文校訂の場合、伝えられている写本をすべて綿密に比較・検討して、そこから最も正しいと思われるものを導き出す作業がすなわち「真理」の探究であるが、そのようにして導き出された「真理」は相対的、一時的な真理であって、エラスムス自身の校訂においてしばしばそういうことがあったように、新しい写本が見つかれば、それによって覆されてしまうものであるかもしれない。ちょうどそれと同じように、『自由意志論』においてもエラスムスの関心は、『エラスムスとルター、自由意志か奴隷意志か』（一九六二年刊）においてジャン・ボワッセが指摘しているように、「形而上学的なものよりも、むしろ歴史的、言語学的なもの」に向けられているいる。つまり彼は、さまざまな論議のあいだの歴史的整合性を重んじるのである。

それは端的に言って、多数の理性に信頼する感覚である。エラスムスはもちろん、多数の理性が認めたものを絶対的真理だと主張するわけではない。絶対的な問題については、彼は「判断を停止」する。しかし現実の問題については、多数の理性の集約であり、知恵である相対的な真理の力を認め、それを大切にする。そのようなバランスの感覚こそが、エラスムス自身あれほどまで強くローマ教会を批判しながら、結局ローマ教会の内部にとどまっていた理由である。そしてそれこそが、彼とルターとを決定的に分かつ点でもあった。

ルターにとっては「真理」は絶対的なものであり、人間の理性からくるのではなくて、神からくる。すなわち、神の「啓示」によって示される。「啓示」はごく少数の人にのみ示されるから、「真理」は本質的に多数者の側にではなく、少数者の側にある。しかも、それはエラスムスの「真理」のように一時的、相対的なものではなく、厳として動かし難い絶対のものである。エラスムスの「寛容」に対してルターのラディカリズムを支えていた考え方は、このようなものであった。

ホイジンガはこのふたりの思想史上の巨人の論争を、「揺れ動く海を眺めていたオランダ人と、不動の山を仰ぎ見ていたドイツ人」との争いと言ったが、まことに適切な比喩と言うべきであろう。

第13章
栄光ある孤立

二度目のバーゼル滞在

一五二一年の秋から一五二九年の春まで、前後八年間にわたって、エラスムスはライン河の上流に沿った静かな町バーゼルにとどまった。それまで、ほとんど二、三年ごとに、いや時には毎年のように住居を移していた彼にしてみれば、それは異例なほど長い滞在である。事実この後、彼はフライブルクへ移り、六年後の一五三五年、三度《たび》バーゼルに戻って、その翌年世を去ることになるのだから、八年間に及ぶ二度目のバーゼル滞在は、彼の生涯のうちで最も長く一カ所に腰を据えていた時代ということになるわけである。

彼がそれほどまでしばしば住居を変えたのは、すでに見たように、あまりに長いことひとつの場所にとどまっていると、いろいろと世俗的なわずらわしさ、特に党派的な争いに捲きこまれてしまう虞《おそ》れがあったからである。一五二一年、わざわざルーヴァンを去ってバーゼルにやって来たのも、保守的傾向のきわめて強いルーヴァン大学の神学部が反ルターの急先鋒であり、エラスムスも遅かれ早かれそのなかに捲きこまれてしまう懸念があったからにほかならなかった。

とすれば、五十代のほとんどの時期を過ごしたこのバーゼル時代は、よほど居心地のよい、安定したものだったと言うべきであるかもしれない。たしかに、親しい友人であり、彼の著作の出版者でもあったフローベン（一四六〇頃－一五二七）のもてなしはエラスムスを喜ばせたし、そのほかにも、ここには気のおけない友人たちがたくさんいた。しかし皮肉なことに、この一見安定した、恵まれた環境のなかで、エラスムスは次第に孤立していくようになるのである。

もちろんそれは、彼がなんとかして避けようと望んでいたルターとの論争という舞台に、心ならずも引き出されてしまったからである。たとえルーヴァンを離れても、エラスムスの学識とヨーロッパの精神界に対して持っていた権威とは、彼を落ち着かせてはくれなかった。ルターの支持者も反対者も、ともに自分たちのためにエラスムスが発言することを望んだ。おそらくどちらの側でも、エラスムスという名前を自己の陣営に加えることがどれほど大きな意味を持っているか、よく知っていたに違いない。一五二四年、エラスムスがようやく反ルターの立場を明らかにして『自由意志論』を発表した時、南ザクセンのゲオルグ大公が、エラスムスがもう三年早くこの論文を書かなかったことを強く非難したという事実も、当時のこのような情勢をよく示している。前章に見たように、『自由意志論』は、免罪符の告発、教皇権の否定、教会内部の腐敗の指摘などローマを憤激させたルターの攻撃に対しては、まったく一矢も報いていないからである。

つまりゲオルグ大公にとっては、エラスムスが何を言うかということよりも、反ルター派として旗幟を鮮明にすることの方がいっそう大きな関心事だったと言ってよい。エラスムスという名前は、いわば強力な切り札であった。それは実際に使うよりも、それを持っていることを相手に誇示するという政治的な効果の切り札であった。少なくともゲオルグ大公が「もう三年早く」と言ったのは、そのような政治的意味をこめてであったろう。

エラスムスにして見れば、そのような「党派的」なものに捲きこまれる危険が明らかであったからこそ、できるだけ言を左右にして旗幟を明らかにすることを拒み続けたのに違いない。どんな混乱のなかでもつねに醒めた眼を持ち続けた彼は、自分の名前の持つ価値についても決して無知ではなかった。またその名前が、「党派的」な宣伝に有効であるというその理由のために人びとが彼を求めているのだということにも、気づいていないわけではなかった。彼自身がルターと同じように異端の疑いをかけられるようになって、やむを得ず『自由意志論』を書くようになった時にも、党派的な争いはできるだけ拒否して問題となる争点だけに議論を限ろうとしたのはそのためである。つまり、どうしても戦争をしなければならないものなら、せめて限られた範囲内での限定戦争にとどめようとしたのである。それに、考え方の上から言えば、エラスムスはルターに多くの点で共感するところがあったに違いないのである。

ノエル・ベダの異端非難

結果的に見れば、エラスムスのこの慎重さが、かえってその後の彼の立場をいっそう悪くすることになったと言えるかもしれない。ルターに対しては、いかに限定戦争と言っても、戦争であることには変わりなかった。ルターはさっそく、翌年『奴隷意志論』によってエラスムスに答え、エラスムスはさらに翌年、それに反論するというかたちで、両者の対立は決定的なものとなった。

しかもルターと対立したからと言って、エラスムスがカソリック側の陣営に喜んで迎え入れられたわけではなかった。それどころか、エラスムスに対する「異端」の非難は、ルターとの論争が次第にエスカレートして行くのとほとんど並行して、いよいよ声高に聞かれるようになってきた。その非難の先頭に立ったのは、パリ大学神学部の特別評議員ノエル・ベダ（一四七〇頃－一五三七）であった。

パリ大学はすでに一五二四年の初頭から、エラスムスに対する異端の疑いを強く示していたが、『自由意志論』が発表されてエラスムスが一応反ルターの立場を明らかにした後も、なお追及の手を休めず、翌年にはまず『平和の訴え』を告発して、これを禁書処分とした。もっとも、その処分の対象となったのはフランス語訳であったので、エラスムスは翻訳には責任がないと答えることができた。しかし一五二六年には、ベダは公然とエラスムスを攻撃し出し、ソルボンヌは同年にフローベン書店から出された『対話集』増補版を断罪し、さらにそれだけでは満足せず、二年後に改めてパリ大学の神学部、法学部、医学部が一緒になって『対話集』を検閲し、禁書処分にした。それ以後、エラスムスの著作はローマ教会の内部において、いよいよ危険なものと見なされるようになった。彼の死後六年目の一五四二年、ソルボンヌは今度は『痴愚神礼讃』を禁書とし、一五五四年には教皇ユリウス三世が、『痴愚神礼讃』『格言集』『新約聖書注解』を禁断書とした。そして、さらにその四年後には、かつてエラスムスの友人でもあったパウルス四世がエラスムスを第一級の異端者と断罪して、その著作のすべてを禁断書目録に載せたのである。

とすると、「異端者」としてのエラスムスの受難は、ルターとの対立とほぼ時を同じくして始まったということになる。このバーゼル滞在の頃を境目として、エラスムスの立場は急速に悪化していく。ルターから「両棲類の王」と罵られ、フッテンから「裏切者」ときめつけられ、カソリックの側から「異端者」と告発され、そして後世の歴史家から「臆病者」と貶められるエラスムスは、実にこの時期に登場してくるのである。今やエラスムスは相対立する両党派のあいだにおいてのみならず、歴史の上でも孤立してしまったかのように見える。すでに五十歳を越えた彼のこのような悲劇的立場は、いったいどこから来たのだろうか。

受難

もちろん、時代が悪かったということは明らかである。ルターの支持者たちとローマ教会との対立は、最初誰も予想し得なかったほど深刻な、そして救い難いものになっていたし、皇帝カール五世とフランス国王フランソワ一世とのあいだの抗争は、現実的にも精神的にも恐るべき荒廃をもたらした。そのことは、ちょうどエラスムスのバーゼル滞在中に起こった、あのカール五世の軍隊による有名な一五二七年の「ローマの掠奪」を思い出すだけでも十分であろう。エラスムスがバーゼルにやって来た一五二一年には、バーゼル大学に入学した者は六十名いたが、一五二八年にはわずか一名となり、エラスムスがバーゼルを離れた一五二九年には、ついにただひとりの入学者もなくなってしまったという。

だがエラスムスの立場を悪くしたのは、そのような時代の条件だけではない。彼ほどの学識と名声の持ち主なら、このような激しい混乱の時代においても――いや混乱の時代であるならなおのこと――、うまく立ち回って有利な地位を得たり私腹を肥やすことぐらい、もしその気になれば容易なことであったろう。少なくとも、あくまでも教会の内部にとどまろうと決心し、それを公表したエラスムスにとって、「体制内」で指導的地位を保つことぐらい、何でもなかったはずである。しかし、エラスムスはそれをしなかったのみならず、ルターと決定的に対立してから後もなお、「教会」に対する鋭い批判を止めなかった。事実、パリ大学神学部から禁書処分にされた『対話集』は一五二六年の増補版であり、特に、この版で新たにつけ加えられた魚屋と肉屋の対話「魚食い」のなかの多くの個所が、保守派の怒りに触れたのであった。また「カロン」（地獄の渡し守）と題する対話では、カール五世とフランソワ一世の争いを痛烈に批判したし、「巡礼」においては、度はずれた聖人崇拝や聖遺物崇拝を激しく攻撃している。

したがって、ルターとの論争にもかかわらず、革新派の人びとがエラスムスをなお自分たちの仲間と考えていたとしても、無理もないところがあった。『痴愚神礼讃』以来のエラスムスの一貫した態度を考えてみれば、宗教の外面的な形式をすべて否定し、教会から聖像を取りはずし、オルガンを打ち壊し、ミサをも否定しようとする急進的な改革運動が、エラスムスの精神を受け継いだものと思われても当然であったろう。そのような改革運動は、エラスムスの住んでいたバーゼルでも起こった。しかも、その中心人物であったエコランパディウス(一四八二―一五三一)は、かつてエラスムスの熱心な崇拝者であった。

しかしエラスムスは、多くの点でエコランパディウスの考えに共感しながらも、その運動に加わることは断固として拒絶した。そして、バーゼルの急進派たちが彼を捲きこもうとする危険が大きくなると、彼はまたもや、旅装を整えてフライブルクへと旅立ってしまった。それはちょうど、かつて保守派に捲きこまれることを虞れてルーヴァンの町を後にしたのとまったく同じパターンの行動である。彼が口では革新的なことを唱えながら、行動への情熱を欠いた臆病者であるという評価を受けるようになるのも、実は、たび重なるそのような「逃避的」行動のためだったのである。

「魚食い」の対話

しかしながら、だからと言ってエラスムスの行動が「日和見的」であり、首尾一貫していないと責めるわけにはいかない。それどころか新旧いずれの派に対しても、党派的なものに加わることを拒否し、非理性的なものを嫌悪し、自己の精神の自由を守り続けたという点では、彼の行動は見事に一貫しているのである。

革命というような激しい行為には、つねに何がしかの非理性的な、狂信的な情熱がつきまとっている。鋭敏なエラスムスは、その非理性的なものの影をほとんど本能的に拒否したのである。「ツヴィングリとかブッファという人びとは、神の霊感を受けているのかもしれない。しかし私エラスムスはひとりの人間に過ぎないし、霊の言葉などわかりはしない」という彼のいささか皮肉な言葉は、あくまでも人間的であろうとする彼の決意をよく示していると言ってよい。

エラスムスが教会の形式主義にも、革新派の性急な実行運動にもともに反対したのは、まさにこのような「人間的」立場に立ってであった。彼は聖人たちの遺物を崇拝するよりも、聖人たちの精神を受けてその行動を手法とする方がはるかにまさっていると考え、また病気を癒すのは自然の力と医療の問題であって、修道士の僧帽ではないと明言する態度にはっきりと見られるように、信仰の問題においても形式よりも精神を重んじ、非人間的なものを排除した。上に触れた「魚食い」の対話は、まさにその問題を俎上に載せたもので、修道士の制服がどうだとか精進の日には肉を食べてはいけないとかいう外面的な規制ばかり重んじて、真の信仰を忘れている当時のカソリックの人びとが痛烈に批判されている。

『対話集』全編でも最も長いその「魚食い」のなかに、子どもの時から魚が大きらいで、しかも身体が弱いため、肉食禁断の精進は「まったく命がけ」という病人の老人のエピソードが出てくる。「エロス」という名のその老人は、肉食をしなければ自分の身体が危険だというので、特に教皇から、いつでも肉を食べてよいという特別の許可状まで貰っている。ところがこの老人が、ある町の友人たちに招かれたが、たまたまそれが肉食を禁ずる四旬節《しじゅんせつ》の期間中のことであったので、魚ばかり食べさせられた。その「エロス」老人は、教皇の許可状があるから肉食をしてもよいのだが、せっかく招待してくれた人びとを傷つけてはいけないと思って無理をして魚を食べ続けているうちに、とうとう病気になってしまった。そこで、病気が重くならないうちに出発しようと旅の準備を始めると、老人が予定を早めて出発するのは精進潔斎をするのが嫌だからだと非難する人びとが現われ、彼らが仕組んで老人をひどい目に遭《あ》わせるというのである。

　だれかが自分のからだを思いきり痛めつけたとしたら、こりゃ苦行熱心と呼ばれてよかろうさ。だれだって自分のことは自分でわかっているんだからな。しかしね、自然の法にそむき、神の法にそむき、教皇の掟の精神に逆って、心は活気にあふれていても病気がちな弱い兄弟を、死に追いやり、あるいは死よりもつらい病気に追いやる連中、こういう連中の神を畏れる心、隣人に対する愛は、いったいどこにあるというんだ？（二宮敬訳『対話集』中央公論社版『世界の名著』より）。

つまり、肉食禁断が単なる形式となって、「隣人への愛」が見失われてしまっては何にもならないというのである。

このエピソードは、一五二三年にフライブルクの町を訪れた時のエラスムス自身の体験にもとづくものであり、「エロス」という老人は、いうまでもなく彼自身のことである。事実、エラスムス自身は、健康上の理由と生まれつきのネーデルランド的気質によって肉食を好む美食家であり、そのことを隠そうとはしていない。かつてヴェネツィアのアルドゥスの許に滞在していた時、食事のたびに同宿の優れた人文主義者たちといろいろ学問的な話をかわすことができるのが大きな楽しみであったが、しかしそれにしては食事があまりにも簡単で彼は我慢しきれず、ついに自分の部屋でただ独りで思う存分食事をするようになったというエピソードも、エラスムスのこのような一面をよく物語っている。そして「魚食い」のなかにも出てくるように、彼は実際に、教皇から肉食の許可を貰っているほどであった。

形式にとらわれずにその真の内容を求めようとする自由な精神、現実の人間的状況に対する肯定的態度、迷信を斥ける理性的精神と、その人間の理性の普遍性に対する健康な信頼、このような点において、エラスムスはたしかに二十世紀の美術史家ケネス・クラーク卿が指摘しているように、クワトロチェント（一四〇〇年代）の精神の最後の後継者といってもよいかもしれない。ただそれにしては、彼はいささか生まれてくるのが遅過ぎたのである。

故国なき「世界市民」

人間に対する、いや少なくとも人間の理性に対するエラスムスのこのような信頼は、周囲の情勢が次第に悪化し、彼自身の身体もいよいよ衰弱して、そのために手紙や著作のなかにしばしば暗い影がさしこむようになる晩年にいたっても、基本的には変わらない。トーマス・モアの処刑の噂を聞いた時のあの絶望的な調子の手紙は、六十歳も半ばを越えてなお彼が生きなければならなかった時代の暗さをよく物語るものであるが、自由な文通すらも困難な状況にあって、彼はなお親しい人びととの心の交流を求めている。おそらくそこに、人間同士のコミュニケーションに完全に絶望して人間世界に背を向けたモンテーニュとの決定的な違いがある。

それは、母国語ではないラテン語を駆使しながら、ヨーロッパのあらゆる国々の優れた精神と心の結びつきを実現しようとした「世界市民」エラスムスの当然の運命であったのかもしれない。彼がバーゼルを去ってフライブルクに赴いた後、親しい友人でバーゼルにとどまっていたアーメルバッハが、急進派の仲間に加わることを拒否して破門委員会に召喚され、エラスムスに助言を求めてきた時、エラスムスはその返事のなかで、つぎのような一句を述べている。

（バーゼルの町を）立ち去るのがあなたにとってそう容易でないことを、私はよく知っています。そこはあなたの生まれ故郷であり、血縁関係の人びと、姻戚の者、妻、家庭、家族、そして財産もそこにあります。移住することは煩わしい上に、経費も大変です――特に結婚している場合にはそうです。

この言葉を書きながら、エラスムスは、この友人とは正反対に、故郷も親戚も家庭も財産もない自分のことを、考えていなかったはずはない。アーメルバッハとは違って、エラスムスはつねに身軽であった。身軽であったからこそ、ある場所での滞在が心の重荷になれば、すぐ別の場所に移ることができた。そのようにして自己の精神の独立を保ち続けるところに、「世界市民」としてのエラスムスの面目があったはずである。

しかしそれと同時に、すでに老境にはいって、何ものにも縛りつけられることのない自分を淋しく思わなかったとは言えない。もしかしたら、この時、彼は改めて自分の長かった生涯を、もう一度思い返していたかもしれない。「世界市民」という彼の立場は、理性の普遍性を信ずるエラスムスが自ら意志的に選び取ったものであったには違いないが、半ばは運命によって与えられたものであった。むしろ彼は、運命によって与えられた役割を進んで引き受けたというべきであろう。

彼が、長じてから習得したラテン語を生涯自己の武器としたということも、考えてみればこの運命と無関係ではない。当時ラテン語は、もちろん今日のように完全に過去の言葉となってしまったとは言えなかったにせよ、ダンテ（一二六五－一三二一）やペトラルカ（一三〇四－七四）がトスカナの地方語を清新なものに作り変えてから、ほとんど二百年に近い年月が経っていた。エラスムスの時代は、ドイツではルターが聖書をドイツ語に訳すことによって、ドイツの農民たちと精神的なつながりを保とうとしていた時代である。

しかしエラスムスには、最初からほとんど故国というものがなかった。エラスムスに、ルターのあの農民のような執念深い土着性のエネルギーを求めても無理というものである。エラスムスはある意味で、最初から土地というものと切り離されていた。彼にとっては、ラテン語という普遍的で「貴族的な」、そしてそれゆえに虚構の世界しか故郷はなかったのである。

エラスムスが、一方ではわずらわしい訪問者や複雑な人間関係に絶えず不満の意を表明し、そのわずらわしさから逃れようとしながら、生涯を通じてあれほどまで膨大な書簡を書き続けずにはいられなかったということも、彼のそのような心の淋しさを物語っているものであるのかもしれない。

エラスムスがめざした共同体

広く知られているとおり、エラスムスは当代において有数の論争家であった。彼は行動においては、慎重すぎるほどの冷静さで党派的なものに捲きこまれることを避けたが、ペンの上では、しばしば好んで論争を行なっている。

一五二八年には、彼のラテン語が野蛮だという非難に対して、『キケロ派』という痛烈な論争文を発表しているが、それはキケロの使った言葉だけを後生大事に守り続ける人びとに対して、単にその外形ではなくて精神を受け継いで、生きたラテン語を創り出すことが大切だという主旨のものである。このような考え方そのものは、信仰における場合の彼の態度と同じものであるが、その奥に私は、言葉のなかに生きた生命を復活させることによって、同じ言葉で結ばれた人びとの生きた共同体を作り出したいという、ひそかな願望のようなものを感じないわけにはいかない。

いわば彼は、言葉をとおして自分の故郷を手に入れようとしたのである。おそらく、彼があれほどまで進んで多くの人びとに議論を挑んだのも、そのような共同体のなかにおいては、論争すら心を通じ合う手段であったからに違いない。エラスムスのその意図が、実際にどこまで実現できたかは疑わしい。彼自身、論争においては決して相手を徹底的に傷つけないよう気を遣っていると語っているが、あまりにも鋭い彼の攻撃は、しばしば相手に取り返しのつかない致命傷を与えた。だが彼の方でも、あり余るほどの才気を駆使しながら、必死になって人間的なつながりを求めていたのである。

エラスムスの波瀾多い生涯がわれわれに今でもなお強く訴えて来るものがあるとすれば、それは、理性的なもののみによって人間同士の心のつながりを作り出そうとするひとりの男の苦悶の歴史が、そこにまざまざと読み取れるからにほかならない。

一五三五年八月、エラスムスは、すでに絶えず病苦に悩まされるようになっていた身体をフライブルクからまたバーゼルへと運び、そしてそれから一年も経たないうちに、バーゼルで世を去った。その彼の最後の言葉は、Liever got（愛する神よ）というオランダ語の一句であったという。

あとがき

およそ人文学的世界に何ほどかの興味や関心を抱いた人なら、十五世紀後半から十六世紀前半のヨーロッパで活躍したデジデリウス・エラスムス（とその仕事）について自ずと耳にすることになるでしょう。日本での広がりはまだ限定されているようですが、西洋美術史が主たる関心事だった私も、研究者として歩み始めた時ばかりでなく、その途上でも、しばしば出会うことになった人物でした。オランダの著名な歴史家ホイジンガのエラスムス伝には、以下のように記されています。

エラスムスは生きているあいだに、当時最も偉大な画家のうち三名のひとによって肖像を描かれていた。こうした画家の作品を基礎にして無数の肖像が作られ、これによってひとはどこにいっても彼にお目にかかることになり、また後世にわたって永続している、驚くべき彼の名声をも示されることになるのである。

（『エラスムス――宗教改革の時代』宮崎信彦訳、ちくま学芸文庫、二〇〇一年）
しかしながら、必ずしも自らの研究対象とは言い難い人物について一書を成すには、それなりの事情がなければなりません。私の場合、それはひとえに当時の私自身の「時代の事情」によるものでした。

私がそれまで勤めていた国立西洋美術館を辞めて東京大学で教鞭をとるようになったのは、一九七一年四月からのことです。ところがその東京大学では、六〇年代後半に激しくなった学生運動の流れのなかで、六九年一月に安田講堂に多数の学生が立て籠り、その解決をめぐって入学試験が中止されるという前代未聞の事態が起きていました。

それから二年が経っていたのですが、まだその余燼はくすぶっていました。落ち着いて授業をすることはできず、教授会をどこで行うかにも知恵を絞らねばならなかったほどです。学内で行うことは不可能で、出版社の会議室を借りたこともあります。もちろん携帯電話など無い時代でしたから、教授会のメンバーに前もって集合場所などを連絡しなければならないのはとても煩わしいことでした。

そうした折に、福田恆存氏らが寄稿していた『自由』という雑誌で連載をすることになったのです。そこでエラスムスをテーマに選んだのですが、当時はほかに執筆できる媒体もなく、改めて読み返してみると、私の記憶のなかにあの時代の空気と、渇きをいやすように取り組んだ熱っぽさが甦ってきます。

世の中が騒然として、研究さえままならなかった当時、私はエラスムスの生きた時代をいくつかの本を通して知り、とても身につまされるだけでなく、憧れも覚えました。今でも日本語文献として入手できるのは、ホイジンガの『エラスムス』のほかにツヴァイクの『エラスムスの勝利と悲劇』(「ツヴァイク伝記文学コレクション6」、内垣啓一他訳、みすず書房、一九九八年)などでしょうか。渡辺一夫氏も『痴愚神礼讃』、『対話集』を翻訳されたり、関連するエッセイを発表されておりました。

エラスムスが生きたヨーロッパは、キリスト教における宗教改革に王権と教権の確執が重なり、大小数多くの戦争に翻弄された時代でした。その中で、ルターのような宗教家もローマ教皇庁も、ヘンリー八世のような王族もエラスムスに敬意を抱き、自分の側に引き寄せようと試みました。けれどもエラスムスはどこにも与せずに聖書研究を続けたのでした。

エラスムスはその聖書研究を通してギリシャ語やラテン語を学び、言葉の問題について考え続けることになりました。言葉というものは、ずっと昔から現代までつながっています。たとえばギリシャ悲劇はその内容も面白いのですが、彼は、なぜこの場面でそういう言葉を使うのかということにも非常に強くこだわった。そういう意味ではエラスムスは言語学者であり、人文主義者であるとも言えるのかもしれません。言葉の問題を通して見出した事柄は、エラスムスにとっても、そして私にとっても大事なことだったのです。

エラスムスの発言は、おもに多くの書簡によって残されているという点も注目すべきことです。彼の考えは手紙によって世の中に伝えられていきました。エラスムスは非常によく知られた知識人でしたから、彼の手紙を受け取った人はみな、その内容を周囲の人々に知らせます。そのためにエラスムスは直接、皆に向かって自らの意見を述べなくても、手紙の内容がエラスムスの意見として広がったわけです。

美術や文学においては、全体ではなくどこか一部分の研究が大きな成果につながります。エラスムスの例をとっても、『痴愚神礼讃』や『格言集』などのように書籍となったものの他に残されているのは手紙、すなわち私信というささやかなものだけですが、けれどもそうしたものは国の宝として今に伝えられているのです。

エラスムスが生涯自らの信条とした「我、何者にも譲らず」という言葉は、現代においても非常に含蓄深い銘です。さまざまな争いがある現代においては、この「我、何者にも譲らず」ということばが改めて意味を持ってくるでしょう。

人間は中立を守りたくても、どうしてもどちらかに偏り、どちらかを選びそうになってしまいます。エラスムスはそうした現実の争いに関与せず、研究の道を生きていくことだけを願っていましたが、実際はその立場を明確にすることを求められます。エラスムスにとってもそれは大きな問題でしたが、その場合でも「我、何者にも譲らず」という強い態度を貫きました。本書を『エラスムス 闘う人文主義者』と題した所以です。

最後に、前著『ヨーロッパ近代芸術論――「知性の美学」から「感性の詩学」へ』に続いて、半世紀前の文章を改めて一冊の本にまとめていただいた筑摩書房のご厚意、特に湯原法史さんと担当の大山悦子さんには心から御礼申し上げます。

二〇二三年十一月

高階秀爾

初出＝「現代とエラスムス」、『自由』（自由社刊、一九七一年二月〜一九七二年三月）

高階秀爾　たかしな・しゅうじ

一九三二年、東京生まれ。東京大学教養学部卒業。一九五四－五九年、フランス政府招聘留学生として渡仏。東京大学教授、国立西洋美術館館長、大原美術館館長、日本芸術院院長を経て、現在、東京大学名誉教授。専門はルネッサンス以降の西洋美術史であるが、日本美術、西洋の文学・精神史についての造詣も深い。長年にわたり、広く日本のさまざまな美術史のシーンを牽引してきた。主著に『ルネッサンスの光と闇——芸術と精神風土』（中公文庫、芸術選奨）、『名画を見る眼——油彩画誕生からマネまで』（岩波新書）、『日本人にとって美しさとは何か』『ヨーロッパ近代芸術論——「知性の美学」から「感性の詩学」へ』（筑摩書房）、『近代絵画史』（中公新書）など。エドガー・ウィント『芸術と狂気』など翻訳も数多く手がける。

筑摩選書 0271

エラスムス　闘《たたか》う人文主義《じんぶんしゅぎ》者《しゃ》

二〇二四年一月一五日　初版第一刷発行

著　者　高階秀爾《たかしなしゅうじ》

発行者　喜入冬子

発行所　株式会社筑摩書房
東京都台東区蔵前二-五-三　郵便番号　一一一-八七五五
電話番号　〇三-五六八七-二六〇一（代表）

装幀者　神田昇和

印刷 製本　中央精版印刷株式会社

ISBN978-4-480-01790-1 C0323

筑摩選書 0253

悟りと葬式

弔いはなぜ仏教になったか

大竹 晋

悟りのための仏教が、なぜ弔いを行っているのだろうか。各地の仏教を探り、布施、葬式、戒名、慰霊、追善、起塔などからアジア各地に共通する背景を解明する。

筑摩選書 0254

日本政教関係史

宗教と政治の一五〇年

小川原正道

統一教会問題でも注目を集めている政治と宗教の関係の変遷を、近現代の様々な事例をもとに検証。信教の自由と政教分離の間で揺れ動く政教問題の本質に迫る。

筑摩選書 0255

日本人無宗教説

その歴史から見えるもの

藤原聖子 編著

「日本人は無宗教だ」とする言説の明治以来の系譜をたどり、各時代の日本人のアイデンティティ意識の変遷を解明する。宗教意識を裏側から見る日本近現代宗教史。

筑摩選書 0256

隣国の発見

日韓併合期に日本人は何を見たか

鄭大均

日韓併合期に朝鮮半島に暮らした日本人は、その自然や文化に何を見たのか。安倍能成、浅川巧ら優れた観察者のエッセイを通じて、朝鮮統治期に新たな光を当てる。

筑摩選書 0257

実証研究　東京裁判

被告の責任はいかに問われたか

戸谷由麻
デイヴィッド・コーエン

東京裁判の事実認定がいかになされ、各被告人の責任がどう問われたのかを実証的に解明。東京裁判の国際刑事裁判史上の功績を問いなおし、その問題点を検証する。

筑摩選書 0258

風土のなかの神々

神話から歴史の時空を行く

桑子敏雄

高千穂・日向・出雲の景観問題解決に奔走した著者が神話の舞台を歩き、記紀編纂の場である飛鳥の遺跡に立って、古代の人々が神々に託した真意を明らかにする。

筑摩選書
0259

古代中国　説話と真相

落合淳思

酒池肉林、臥薪嘗胆……よく知られる説話を信頼できる史料から検証し、歴史を再構築する。古代中国史を批判的に見つつも、よき「戦国時代案内」でもある一冊。

筑摩選書
0260

南北朝正閏問題
歴史をめぐる明治末の政争

千葉　功

南北朝時代の南朝・北朝のどちらが正統かをめぐる明治末の大論争は深刻かつ複雑な政治的・社会的事件だった。現代の歴史問題の原点となった事件の真相を解明する。

筑摩選書
0261

十字軍国家

櫻井康人

十一世紀末から地中海地域など各地に建設され、ナポレオンのマルタ島攻撃まで七百年にもわたり存続した十字軍国家。知られざる興亡の歴史を第一人者が活写する。

筑摩選書
0262

関東大震災と民衆犯罪
立件された二四件の記録から

佐藤冬樹

関東大地震直後、自警団による朝鮮人らに対する襲撃事件が続発する。のちに立件された事件記録・資料をもとに、自警団の知られざる実態が百年を経て明らかになる。

筑摩選書
0263

北京の歴史
「中華世界」に選ばれた都城の歩み

新宮学

北京が中国の首都であり続けたのは、「都城」だったからだ。古代から現代まで、中華世界の中心としての波瀾万丈の歴史を辿り、伝統中国の文化の本質を追究する。

筑摩選書
0264

南北戦争を戦った日本人
幕末の環太平洋移民史

菅（七戸）美弥
北村新三

米国の公文書記録によると南北戦争に日本人二名が従軍したという。鎖国下の日本を離れアメリカに生きた彼らの人物像と消息を追う、一九世紀の日本人移民の群像。

筑摩選書
0265

地方豪族の世界
古代日本をつくった30人

森公章

神話・伝承の時代から平安時代末までの地方豪族三十人の知られざる躍動を描き、その人物像を紹介。中央・地方関係の変遷を解明し、地域史を立体的に復元する。

筑摩選書
0266

世界中で言葉のかけらを
日本語教師の旅と記憶

山本冴里

「ぜんぶ英語でいいじゃない」という乱暴な意見に反論し、複言語能力の意義を訴える日本語教師が、世界各地での驚きの体験と記憶を綴る、言語をめぐる旅の記録。

筑摩選書
0267

意味がわかるAI入門
自然言語処理をめぐる哲学の挑戦

次田瞬

ChatGPTは言葉の意味がわかっているのか？　現在のAIを支える大規模言語モデルのメカニズムを解き明かし意味理解の正体に迫る、哲学者によるAI入門！

筑摩選書
0268

歪な愛の倫理
〈第三者〉は暴力関係にどう応じるべきか

小西真理子

あるべきかたちに回収されない愛の倫理とはなにか。暴力の渦中にある〈当人〉の語りから、＜第三者＞の応答可能性を考える刺激的な論考。

筑摩選書
0269

台湾の半世紀
民主化と台湾化の現場

若林正丈

日中国交正常化で日本が台湾と断交したのと同じ年に研究の道へ進んだ第一人者が、政府要人、台湾人研究者とのエピソードを交えながら激動の台湾史を問い直す。

筑摩選書
0270

東京漫才全史

神保喜利彦

通説を覆す「東京漫才」の始まり、戦後のメディアと連動した復興、MANZAIブームから爆笑問題、ナイツの活躍まで余すところなく描く画期的「東京」漫才史。